RÉPUBLIQUE FRANÇAISE

MINISTÈRE DE LA GUERRE

INSTRUCTION DU 24 NOVEMBRE 1921

RELATIVE AUX

MARCHÉS

DU

DÉPARTEMENT DE LA GUERRE

PARIS

CHARLES-LAVAUZELLE & CIE

Éditeurs militaires

124, Boulevard Saint-Germain, 124

(MÊME MAISON A LIMOGES)

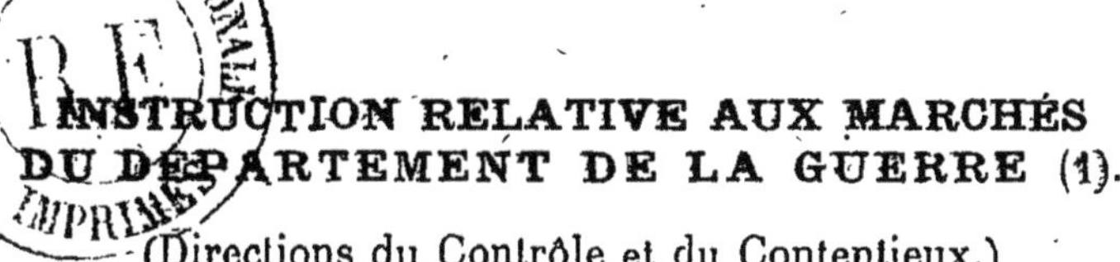

INSTRUCTION RELATIVE AUX MARCHÉS DU DÉPARTEMENT DE LA GUERRE (1).

(Directions du Contrôle et du Contentieux.)

Paris, le 21 novembre 1921.

Afin de maintenir l'homogénéité de la réglementation, aucune modification susceptible d'avoir une répercussion sur les dispositions de la présente instruction ne pourra être présentée à la signature du Ministre que sur le rapport du service intéressé, après avis de la commission des cahiers des charges et marchés, de la Direction du Contrôle et de la Direction du Contentieux.

AVANT-PROPOS.

Application des décrets du 18 novembre 1882 et du 4 juin 1888 par le Département de la guerre.

I. — UTILITÉ DE LA RÉGLEMENTATION APPLICABLE AUX MARCHÉS DE L'ÉTAT.

Le décret du 18 novembre 1882, qui a fixé les principes à observer dans les marchés passés au nom de l'Etat, a laissé de côté les questions d'application, entre autres : les qualités requises pour être admis à traiter, la provenance des fournitures à livrer; la forme des adjudications et les conditions générales des contrats.

---

(1) Dans la présente instruction, les documents ci-après faisant partie des pièces des marchés sont désignés par les abréviations suivantes :

Cahiers des clauses et conditions générales........ Cahiers des C. C. G.
Cahiers des charges communes.................. Cahiers des C. C.
Cahiers des charges spéciales.................. Cahiers des C. S.

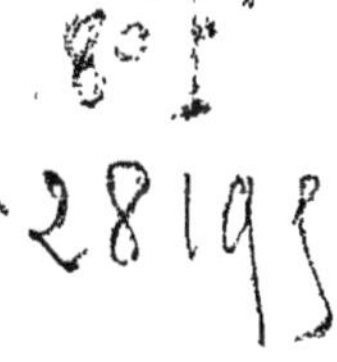

Sur ces points, les solutions pouvaient, à l'origine, différer d'un service à un autre et les dissemblances plus ou moins profondes des cahiers des charges étaient de nature à susciter des difficultés. C'est ainsi que les chambres de commerce, les associations corporatives représentant les intérêts des soumissionnaires, ont été amenées à demander l'unification des clauses générales des marchés, la modification de certaines conditions de réception, etc.

II. — TRAVAUX DE LA COMMISSION EXTRA-PARLEMENTAIRE DES MARCHÉS.

Pour satisfaire à ces vœux, il a été institué, en 1895, sous la présidence du premier président de la Cour des comptes, une commission comprenant des membres du Parlement, des délégués des principales administrations publiques et des représentants de l'agriculture, de l'industrie et du commerce, avec mission de codifier et simplifier les conditions des marchés de l'Etat. Les avis de la commission sont résumés dans des procès-verbaux et des rapports relatant, à propos de chaque question traitée, les arguments développés et les conclusions adoptées.

III. — INSTITUTION DE LA COMMISSION DE REVISION DES CAHIERS DES CHARGES.

L'administration a eu, de suite, l'intention de s'assimiler les doctrines de la commission extra-parlementaire. Le Ministre de la guerre a, dans ce but, chargé de la revision des cahiers des charges une commission composée de représentants de toutes les directions de l'administration centrale.

IV. — CLASSIFICATION DES CLAUSES DES CONTRATS.

Cette commission s'est donné pour première tâche de tracer, pour la rédaction des cahiers des charges, une méthode susceptible d'être admise par tous les services. Elle a cherché à cet effet à grouper rationnellement les clauses à insérer dans les contrats. Le classement qui paraît le plus rationnel consiste à distinguer :

a) Les clauses applicables à la totalité des marchés de travaux d'une part, des marchés de fournitures de l'autre;

b) Les conditions communes à des travaux de fournitures de même nature;

c) Enfin, les spécifications fixant le mode particulier d'exécution de chaque contrat considéré isolément : quantités, lieux et délais de livraison, dérogations aux clauses générales; prix définitifs, etc.

V. — Documents entre lesquels peuvent se répartir les stipulations des marchés.

A cette classification correspondent, en principe, des documents d'ordre divers : les premiers, d'un caractère général, sont les cahiers des clauses et conditions générales et les dispositions relatives aux cautionnements et aux commissions d'appel ; les autres énoncent les conditions communes à un groupe déterminé de travaux ou de fournitures. Ces derniers sont désignés (1) sous le nom de cahiers des charges communes, appellation qui les distingue nettement des cahiers des clauses et conditions générales; les documents de la dernière catégorie sont les cahiers des charges spéciales et les actes mêmes par lesquels se forment les contrats : soumission, dans le cas de marché par adjudication publique; marché proprement dit, convention ou engagement écrit, dans le cas de marché de gré à gré.

VI. — Caractère relatif de cette division.

Cette division n'a rien d'absolu. Il n'est pas indispensable que la série des documents énumérés soit au complet.

Quand les marchés de même nature à prévoir ne sont pas en grand nombre, quand les conditions communes à une même sorte de fourniture sont restreintes, il est superflu d'établir les documents de la deuxième catégorie; les conditions communes sont simplement insérées dans le cahier des charges spéciales.

Quand les stipulations spéciales à un marché sont peu nombreuses, elles peuvent être portées à la connaissance des soumissionnaires par un simple avis et trouver place dans le projet d'acte destiné à constater le contrat même : marché proprement dit, convention, etc. L'énonciation des conditions spéciales ne fait pas alors l'objet d'un document distinct.

Bref, seuls, le premier et le dernier terme indiqués sont nécessaires, dans tous les cas, savoir : les documents généraux et l'acte constitutif du contrat. On peut, pour certains marchés, se dispenser du cahier des charges communes ou du cahier des charges spéciales, voire même des deux.

---

(1) La liste des cahiers des charges communes en vigueur est publiée au commencement de chaque année au *Bulletin officiel*. Les cahiers des charges communes sont dans le domaine public. Ils sont édités par la librairie qui publie le *Bulletin officiel*.

VII. — Intérêt de la distinction admise.

La distinction admise, tout en souffrant des exceptions, reste néanmoins la règle.

Pour les personnes traitant avec le Département de la guerre, elle présente l'avantage de réunir dans les documents généraux et les cahiers des charges communes, des clauses en quelque sorte permanentes, qu'il est inutile d'étudier à nouveau, lorsqu'on a soumissionné une première fois.

Pour l'administration, il y a également, de ce chef, une grande simplification du travail de préparation des marchés. Les documents généraux et les cahiers des charges communes une fois élaborés, il ne reste qu'à arrêter les stipulations particulières nécessaires pour définir complètement les travaux ou fournitures à exécuter.

VIII. — Attributions respectives de l'administration centrale et des services locaux.

La nature des choses exige que les documents généraux, ainsi que le cahier des charges communes, soient élaborés par l'administration centrale. Il en est de même, le cas échéant, des formules-types de cahier des charges spéciales. Les cahiers des charges spéciales sont établis ou complétés par les directeurs ou les chefs des services locaux chargés de définir les conditions concrètes des marchés.

Le cahier des charges spéciales ou, s'il n'en est pas dressé, le projet de contrat, doit viser les documents généraux et le cahier des charges communes régissant le marché.

IX. — Objet de la procédure établie pour la rédaction des cahiers des charges.

Les règles relatives à la préparation des cahiers des charges sont basées sur les considérations suivantes :

L'intérêt bien entendu de l'Etat commande de tenir compte autant que possible des desiderata des représentants de l'industrie et du commerce appelés à traiter avec le Département de la guerre. Les projets de cahiers des charges communes, les cahier des charges spéciales des entreprises importantes, sont, en conséquence, communiqués aux chambres syndicales compétentes et reçoivent les modifications demandées par ces associations, dans la mesure compatible avec les nécessités des services.

X. — Préparation des cahiers des charges.

Les cahiers des charges communes sont rédigés en projet six mois avant la date à laquelle ils doivent être mis en vigueur.

Les cahiers des charges spéciales applicables à un marché dont l'importance totale dépasse 150.000 francs sont rédigés cinq mois avant la date de passation du marché. Quand il s'agit de marchés dont le cahier des charges spéciales ne fixe que l'importance annuelle et dont l'exécution peut s'étendre sur un certain laps de temps, leur importance totale s'évalue en supposant que la durée du marché atteindra le maximum prévu, y compris toutes les prorogations, même par tacite reconduction.

Les rédacteurs des cahiers des charges ne doivent pas perdre de vue qu'il importe de fixer les délais de livraison aussi largement que possible afin de faciliter la concurrence et d'obtenir de meilleures conditions de prix.

Les directions de l'administration centrale qui ont à faire exécuter des travaux ou à assurer des fournitures similaires, se concertent en temps utile, pour adopter un projet unique.

La direction la plus intéressée prend l'initiative nécessaire. Elle est responsable de l'observation du délai fixé, sauf à indiquer les points sur lesquels l'accord n'aurait pu s'établir.

Cette même direction est chargée d'assurer la communication du projet de cahier des charges aux chambres syndicales compétentes, et de provoquer l'accord prévu par l'article 3 du décret du 10 août 1899 entre les syndicats patronaux et ouvriers pour la constatation du taux normal des salaires. Il lui appartient, à défaut de cette entente, de réclamer l'avis des commissions mixtes, syndicats professionnels, conseils de prud'hommes et personnes compétentes désignées au même article du décret.

Cette direction transmet à la direction du contrôle, pour être soumis, s'il y a lieu, à la commission des cahiers des charges et marchés, quatre mois ou trois mois au moins, suivant la nature des documents, avant l'époque de sa mise en vigueur ou celle de la passation du marché, suivant le cas, le projet élaboré par ses soins, ainsi que toutes les observations énoncées par les représentants de l'industrie, du commerce, des chambres syndicales ouvrières ou autres, à la suite des communications dont il vient d'être question.

La commission des cahiers des charges et marchés présente, dans le délai d'un mois pour les cahiers des charges communes ou de vingt jours pour les cahiers des charges spéciales, un avis tenant compte, dans la mesure du possible, des nécessités des services et des desiderata formulés par les organes consultés. Cet avis est accompagné de contre-propositions, s'il y a lieu. Toutes les fois qu'elle n'est pas suffisamment éclairée, la commission fait appel au concours d'un ou de plusieurs membres des chambres syndicales compétentes.

L'avis émis par la commission des cahiers des charges et marchés est transmis aux Directions du Contrôle et du Contentieux, qui y joignent le leur. Le document, accompagné de cet avis, est renvoyé à la direction intéressée. S'il y a complet accord entre ces organes, le document est approuvé par le directeur intéressé de l'administration centrale, au nom du Ministre. Dans le cas contraire, ce directeur le soumet au Ministre, avec ses propres observations.

XI. — APPROBATION DES CAHIERS DES CHARGES.

Sont approuvés par les directeurs locaux :

1° En vertu d'une délégation générale et permanente du Ministre, les cahiers des charges spéciales applicables aux marchés d'une importance totale (1) inférieure ou au plus égale à 20.000 francs, quelle que soit leur durée;

2° En vertu d'une délégation particulière et temporaire du Ministre, les cahiers des charges spéciales applicables à certains marchés de travaux de grosses réparations, d'amélioration ou de construction. Les délégations ne sont données qu'à certains directeurs du génie ; leur étendue est variable, mais elles ne peuvent s'appliquer aux cahiers des charges concernant les marchés d'une importance totale supérieure à 150.000 francs. La liste des directeurs du génie auxquels une délégation de cette nature est donnée et les limites de la délégation donnée à chacun d'eux sont publiées au commencement de chaque année au *Bulletin officiel* du ministère de la guerre.

Sont approuvés par le Ministre, ou en son nom par les directeurs de l'administration centrale, tous les autres cahiers des charges spéciales, dans les conditions indiquées au paragraphe X, *in fine*.

Les cahiers des charges communes sont tous approuvés par le Ministre.

---

(1) Voir paragraphe X ci-dessus.

XII. — MESURES A PRENDRE POUR FACILITER AUX SOCIÉTÉS D'OU-
VRIERS FRANÇAIS L'ACCESSION AUX MARCHÉS DU DÉPARTEMENT DE
LA GUERRE.

Le décret du 4 juin 1888, modifié le 5 octobre 1920, a prévu en
faveur des sociétés d'ouvriers diverses mesures destinées à faciliter leur accession aux marchés de l'Etat :

1° Lotissement obligatoire des travaux ou fournitures, en
tenant compte de la nature des professions intéressées ;

2° Dispense de cautionnement pour les marchés dont l'importance ne dépasse pas 200.000 francs;

3° Préférence acquise à la société dans le cas d'égalité de
rabais avec un entrepreneur ou fournisseur ;

4° Payement d'acomptes tous les quinze jours.

Dans les associations ouvrières, le capital se produit, s'ac-
croît, se renouvelle avec une extrême lenteur ; aussi, dans la
plupart des cas, ne peuvent-elles se charger d'un marché que si
le travail ou la fourniture n'exige pas une mise de fonds trop
considérable et si des acomptes sont délivrés régulièrement à in-
tervalles rapprochés.

Eu égard à ces considérations, lorsque des travaux ou fournitures susceptibles d'être soumissionnés par une société d'ouvriers sont mis en adjudication, le montant des lots doit être
abaissé dans la mesure convenable, selon la nature des professions intéressées. D'autre part, au cours de l'exécution d'un
marché passé avec une association ouvrière, on délivre très
exactement toutes les quinzaines, à la société adjudicataire, des
acomptes calculés aussi largement que le permettent les dispositions du décret du 31 mai 1862 portant règlement général
sur la comptabilité publique (art. 13) et du règlement du 3 avril
1869 sur la comptabilité des dépenses du Département de la
guerre (art. 143).

Art. 1er.

Dispositions générales.

Tous les marchés du Département de la guerre sont passés
dans les formes et d'après les règles prévues dans la présente
instruction.

TITRE Ier.

Marchés par adjudication.

CHAPITRE Ier.

Règles communes à toutes les adjudications. — Publicité.

Art. 2.

Des différentes espèces d'adjudications.

En principe, et sauf les exceptions prévues au décret relatif aux adjudications et aux marchés passés au nom de l'Etat, tous les marchés du Département de la guerre sont passés par adjudication publique. Il y a deux espèces d'adjudications :

1° *L'adjudication simple*, qui ne comporte qu'une séance, dans laquelle l'admissibilité des concurrents résulte de l'acceptation de leur soumission, en séance publique, par la commission d'adjudication. Ce mode s'applique aux fournitures, travaux, transports, exploitations ou fabrications qui peuvent être fractionnés et livrés sans inconvénient à une concurrence illimitée;

2° *L'adjudication restreinte*, dans laquelle seules les personnes préalablement reconnues capables par une commission d'admission sont autorisées à soumissionner. Ce mode est employé quand les fournitures, travaux, transports, exploitations ou fabrications ne peuvent être confiés qu'à des personnes remplissant certaines conditions et après examen des titres exigés par la présente instruction.

À un point de vue différent, les adjudications peuvent être classées en deux catégories :

1° Les adjudications *définitives*, dans lesquelles interviennent seules les offres des candidats dont les soumissions ont été classées à la séance d'adjudication ;

2° Les adjudications *provisoires*, visées par le décret relatif aux adjudications et aux marchés passés au nom de l'Etat (1)

---

(1) Décret du 18 novembre 1882, article 16.

et dans lesquelles, à la suite de nouvelles offres, il est procédé, le cas échéant, à une réadjudication dans les formes prévues par les articles 36, 37 et 38 de la présente instruction.

Des règles particulières sont applicables à certaines adjudications passées sur concours de prix et d'échantillons.

Art. 3.

Composition des commissions d'adjudication.

Les adjudications sont passées en séance publique et par les soins d'une commission comprenant trois membres, savoir :

1° Le maire ou son délégué, représentant de l'autorité civile, président ;

2° Le chef du service pour lequel a lieu l'adjudication, ou son délégué, membre technique ;

3° *a*) Si le membre technique est fonctionnaire de l'intendance, un officier de la garnison, d'un grade inférieur à celui du membre technique ;

b) Un fonctionnaire de l'intendance dans le cas où, par suite de la nature du marché, le membre technique n'est pas un fonctionnaire de l'intendance : ce fonctionnaire a surtout un rôle juridique : il veille à l'observation des formes prescrites et des dispositions réglementaires.

La commission peut fonctionner valablement si elle est réduite à deux membres ; mais la présence du membre technique et du fonctionnaire de l'intendance est indispensable.

Art. 4.

Annonce des adjudications.

Dès que le chef du service a reçu l'ordre de procéder à l'adjudication, il détermine au mieux des intérêts de l'Etat la localité où aura lieu cette adjudication; il prépare les détails de l'opération, établit et rassemble tous les documents, états, tableaux et autres pièces qui doivent être communiqués aux candidats. Il fixe, après entente avec le président de la commission, le local, les jour et heure de la séance et fait procéder aux publications nécessaires.

La date de l'adjudication est déterminée de manière à faciliter la concurrence. Toutefois, on évite de fixer la date des adjudications où est exigée la constitution d'un cautionnement provisoire, aux 29, 30, 31, 1er ou 2 du mois, en raison de l'affluence du public, à ces époques, dans les bureaux de la Caisse des dépôts et consignations et de ses préposés, chargés de la délivrance des récépissés de versement.

Des affiches, établies par le chef du service, sont apposées, non seulement dans la localité où le marché doit être exécuté, mais aussi dans les autres localités où l'on suppose qu'il peut se trouver des personnes disposées à concourir à l'adjudication.

Ces affiches contiennent les renseignements énumérés au décret relatif aux adjudications et marchés passés au nom de l'Etat (1). Elles sont libellées, pour les marchés de travaux, suivant les indications du modèle n° 1, pour les autres marchés, suivant les indications du cahier des C. S.

Elles sont rédigées sur papier blanc (2) et exemptes de timbre (3).

Dans le cas de fournitures de matières qui donnent lieu dans le commerce à des spéculations à terme et, quand les cahiers des C. S. le spécifient, les affiches indiquent la date extrême à laquelle devra être effectuée chacune des livraisons, dans les conditions prévues à l'article 21 du cahier des C. C. G.

Art. 5.

Avis d'adjudication.

Des avis d'adjudication (extraits de l'affiche) (modèles n°s 2, 3, 4 ou 5) sont insérés au moins dans un des journaux de la localité et dans les autres journaux désignés par le Ministre. Des exemplaires du même avis sont adressés directement par les soins du chef de service aux personnes et sociétés ainsi qu'aux chambres de commerce et syndicats que peut spécialement intéresser l'adjudication.

Ces avis, rédigés conformément aux modèles annexés à la présente instruction, doivent ne contenir que les indications indispensables pour renseigner les personnes désirant prendre part aux adjudications; celles-ci trouveront sur les affiches ou dans les bureaux des corps et services, les explications complémentaires pouvant être nécessaires.

Dans le cas où les affiches indiquent les dates des livraisons de certaines fournitures, l'indication de ces dates doit figurer également dans les avis d'adjudication.

En vue de réduire les dépenses de la publicité, les avis doivent être insérés seulement :

(1) Décret du 18 novembre 1882, article 2.
(2) Article 15 de la loi du 15 juillet 1881.
(3) Loi du 13 brumaire an VII.

En ce qui concerne les adjudications de tous les services, pour le gouvernement militaire de Paris, au *Journal officiel* de la République française, et dans un où deux journaux spéciaux, et, pour les autres régions, dans un des journaux accrédités de la préfecture et dans un ou deux journaux spéciaux.

Dans le cas de fournitures importantes, dont la production peut être obtenue sur l'ensemble du territoire, l'avis d'adjudication est inséré au *Journal officiel*, quel que soit le lieu de l'adjudication.

Les insertions dans les journaux spéciaux, donnant lieu à payement, ne sont faites que si la publicité gratuitement faite, dans les conditions de l'article suivant, ne paraît pas suffisante.

Art. 6.

Insertion gratuite des avis d'adjudication.

La liste des publications ou journaux spéciaux consentant à insérer gratuitement les avis d'adjudication dont ils reçoivent communication paraît chaque année au *Bulletin officiel* du ministère de la guerre.

Un exemplaire des avis d'adjudication doit être adressé, par les services intéressés, en temps utile, sous bande et par la poste, aux directeurs des journaux et publications mentionnés à la liste annuelle.

En outre, les directeurs régionaux des services peuvent autoriser l'insertion gratuite des avis d'adjudication dans les organes de publicité de leur région qui leur en adressent la demande.

Les frais d'envoi font partie des frais de publicité (art. 21 du décret du 18 novembre 1882) (1).

Art. 7.

Délais de publication.

Les affiches ou insertions visées ci-dessus sont apposées ou publiées vingt jours francs au moins avant le jour fixé pour l'adjudication; les jours d'apposition des affiches ou d'insertion des avis et de l'adjudication proprement dite ne sont pas comptés dans ce délai.

---

(1) *Dispositions spéciales aux corps de troupe.* — Les corps de troupe, dans les adjudications publiques qu'ils passent en leur nom, se conforment aux dispositions des articles ci-dessus. Toutefois, les insertions à titre onéreux ne sont faites dans les journaux visés à l'article 5 que si l'apposition des affiches et la publicité gratuitement faite ne semblent pas suffisantes pour porter l'adjudication à la connaissance des intéressés.

Le délai peut être réduit dans les cas d'urgence, avec l'autorisation du Ministre.

Pour les adjudications restreintes et les adjudications sur concours d'échantillons, pour lesquelles les concurrents doivent faire acte de candidats antérieurement à l'adjudication, la date extrême de dépôt des déclarations d'intention de soumissionner, des pièces exigées, des échantillons présentés, etc., doit être, sauf en cas d'urgence, postérieure de dix jours au moins à celle de la publication des avis d'adjudication.

Les titres des journaux où les avis ont été insérés, et les dates d'insertion, sont mentionnés aux procès-verbaux d'adjudication.

Ces procès-verbaux indiquent, le cas échéant, que le délai de publicité a été réduit.

Art. 8.

Envois à faire à diverses autorités.

Avant chaque adjudication passée pour le compte de l'Etat, les directeurs des établissements ou les chefs de service, selon le cas, adressent en temps utile et directement, sous les timbres suivants :

1° Au Ministre de la guerre (direction intéressée) : deux exemplaires de l'affiche.

Si le cahier des charges spéciales prévoit la constitution d'un cautionnement provisoire ou définitif, un des exemplaires est adressé par la direction au directeur général de la Caisse des dépôts et consignations;

2° Au préposé de ladite Caisse résidant au chef-lieu de l'arrondissement dans lequel a lieu l'adjudication : un exemplaire de l'affiche, si l'adjudication est passée ailleurs qu'à Paris et dans le cas où le cahier des charges spéciales prévoit la constitution d'un cautionnement provisoire ou définitif;

3° Au Ministre de l'agriculture (Office des renseignements agricoles) pour les adjudications de denrées du service des subsistances militaires : un exemplaire de l'avis et un duplicata du bulletin d'achat contenant les résultats de l'adjudication et les indications des noms et domiciles des soumissionnaires.

4° Au Ministre du travail (office central du placement des chômeurs et réfugiés) pour les adjudications de travaux d'une importance supérieure à 100.000 francs : trois exemplaires de l'affiche.

Ces documents doivent être envoyés sans retard. Toutefois, pour l'envoi du bulletin d'achat au Ministre de l'agriculture, il convient d'attendre l'approbation des résultats de l'adjudication, lorsque cette approbation est réservée au Ministre.

Pour bénéficier de la franchise postale, la suscription des envois à des services spéciaux dépendant des ministères doit être libellée comme il est dit ci-dessus.

Art. 9.

Pièces à communiquer aux candidats.

Pendant toute la durée des publications, les pièces du marché restent déposées dans les bureaux du service intéressé, où elles peuvent être consultées librement par tous les candidats (1).

Ces pièces sont :

1° Le cahier des C. C. G. (fournitures ou travaux) ;

2° La présente instruction.

3° Le cahier des C. C. et des C. S. concernant le marché ;

4° A) *Pour les marchés autres que ceux de travaux de constructions* et, s'il y a lieu :

Les états de renseignements et d'évaluation ;

Les états d'effectif, soit en hommes, soit en animaux.

B) *Pour les marchés de travaux de constructions :*

I) Marchés sur série de prix :

La série de prix ;

II) Marchés sur devis ou à forfait :

Le devis estimatif et descriptif, lequel sera simplement descriptif pour les marchés à forfait ;

Les dessins des ouvrages à exécuter sauf ceux auxquels il serait nécessaire de ne pas donner de publicité ;

La série de prix, s'il y a lieu.

Enfin, tous les éléments propres à permettre aux soumissionnaires et à leurs cautions de formuler leurs offres en toute connaissance de cause, et de connaître leurs obligations et les conséquences qui en découlent.

---

(1) Toutes mesures doivent être prises pour faciliter aux candidats la parfaite connaissance des conditions du marché; il convient notamment, lorsque les bureaux du service sont d'un accès difficile, de mettre une copie des pièces à la disposition des candidats dans des bureaux mieux situés et largement ouverts aux intéressés.

CHAPITRE II.

Règles applicables aux adjudications simples.

—

Art. 10.

Pièces exigées pour concourir aux adjudications.

En principe, nul n'est admis à participer à une adjudication du Département de la guerre comme soumissionnaire ou à se présenter comme caution personnelle solidaire s'il n'est muni d'une pièce constatant sa qualité de Français (1) ou d'indigène algérien (2) en Algérie, ou d'indigène tunisien (3) en Tunisie, ou d'indigène marocain au Maroc, ou d'une décision du Ministre, l'autorisant à prendre part à l'adjudication ou à se présenter comme caution.

Une autorisation spéciale, délivrée dans les conditions indiquées à l'alinéa ci-après, est nécessaire aux indigènes qui veulent soumissionner pour des travaux de fortification.

En Algérie, le général commandant le 19e corps d'armée, en Tunisie, le général commandant la division d'occupation, et, au Maroc, le général commandant les troupes d'occupation, agissant au nom et par délégation du Ministre de la guerre, pourront, sur la proposition du chef du service :

a) Admettre des indigènes à soumissionner pour des travaux de fortification (Algériens en Algérie, Tunisiens en Tunisie, Marocains au Maroc);

---

(1) Entre autres pièces pouvant établir cette qualité, on peut citer : 1° certificat de l'autorité civile constatant que l'intéressé jouit de ses droits civils et politiques; 2° certificat d'inscription sur les listes électorales; 3° carte d'électeur; 4° certificat de l'autorité militaire établissant que le candidat a satisfait, en France, aux obligations de la loi sur le recrutement.

Cette énumération n'est pas limitative. Les commissions d'adjudication pourront admettre, au lieu et place des pièces qui viennent d'être énumérées, toutes celles qui établiront, d'une manière incontestable, à leurs yeux, la qualité du concurrent. La preuve de cette qualité peut, en effet, résulter, suivant la situation des intéressés, de la production d'autres documents authentiques dont on ne peut à l'avance établir la nomenclature.

Si le candidat est connu de la commission, il peut n'être exigé aucune justification de nationalité ou d'indigénat; mais il sera fait mention de cette circonstance au procès-verbal d'adjudication.

(2) Carte d'identité ou extrait des registres matricules de l'état civil pour les indigènes du territoire civil; certificat de l'autorité municipale pour les indigènes du territoire militaire.

(3) Certificat du caïd visé par le contrôleur civil, ou le chef du bureau des affaires indigènes en territoire militaire, ou le bureau de la nationalité à la résidence générale.

_b_) Admettre des étrangers légalement domiciliés à concourir aux adjudications ou à se présenter comme cautions personnelles solidaires.

Les personnes admises au bénéfice de la liquidation judiciaire peuvent solliciter leur admission à concourir en produisant soit le jugement déclarant que les intéressés ne seront soumis qu'aux incapacités édictées par l'article 21 de la loi du 4 mars 1889, soit le jugement qui les a admis au bénéfice de la liquidation judiciaire, ainsi que l'autorisation spécialement délivrée par le juge commissaire, en vue de l'adjudication à intervenir.

Les personnes en état de faillite ne sont pas admises à concourir; les anciens faillis réhabilités peuvent être admis.

Dans le cas où, par suite d'une résiliation, un marché est passé aux risques et périls d'un adjudicataire, le fournisseur défaillant ne peut être admis à prendre part à la nouvelle adjudication qui a lieu à son défaut.

Aucune société n'est admise à concourir si elle ne produit des pièces constatant : qu'elle est organisée conformément aux lois françaises en vigueur, sans restriction à la responsabilité de ses membres (1); que sa durée est au moins égale à celle du marché à intervenir; que là où les personnes qui ont qualité pour traiter en son nom et la représenter sont de nationalité française ou munies de l'autorisation du Ministre prévue au premier alinéa du présent article (2).

Les sociétés en état de faillite ou de liquidation judiciaire ne sont pas admises à concourir.

Les personnes ou sociétés en état de faillite ou de liquidation judiciaire ne peuvent être admises à se constituer cautions personnelles solidaires des soumissionnaires.

Art. 11.

Justifications dont sont dispensés les candidats ayant déjà déposé les pièces exigées en vue d'une adjudication du Département de la guerre.

Les pièces énumérées à l'article précédent peuvent être remplacées, tant pour les personnes que pour les sociétés, par un

---

(1) Pour les sociétés alsaciennes et lorraines, se reporter à la circulaire du 10 juin 1921 insérée à la fin du présent volume, page 164.

(2) Une expédition légalisée de l'acte de société, des statuts et, le cas échéant, des actes modificatifs est nécessaire pour établir que les deux premières conditions sont remplies.

Il peut être suppléé à la production de ces pièces par la présentation du certificat prévu à l'article 11 ci-après, remis dix jours au moins avant l'adjudication entre les mains du membre technique.

certificat de l'un des modèles nos. 6 ou 7 annexés à la présente instruction, émanant d'un directeur ou chef de service dépendant du Département de la guerre et constatant que les personnes ou sociétés qu'il concerne ont précédemment déposé toutes les pièces exigées.

Un certificat délivré à la suite d'un dépôt de pièces, en vue d'une adjudication restreinte, est valable pour une adjudication simple.

Pour être valable, le certificat ne doit pas avoir plus d'un an de date. S'il s'agit d'une société, il doit indiquer la durée de cette société telle qu'elle résulte des statuts lors de leur communication, ainsi que les noms des personnes qui ont qualité pour traiter au nom de la société et la représenter.

Le certificat doit mentionner si le titulaire a été admis en qualité de Français, d'indigène algérien, tunisien ou marocain, ou bien en vertu d'une autorisation de concourir donnée dans les formes prévues aux alinéas 1 et 2 de l'article 10; dans ce dernier cas, le certificat reproduira la copie de l'autorisation.

En cas de modification quelconque à leurs actes constitutifs, les sociétés ne peuvent plus faire usage des certificats qui leur auraient été délivrés antérieurement sans les avoir fait renouveler par l'autorité qui les a délivrés, après avoir déposé entre ses mains une expédition légalisée des actes modificatifs.

Toute infraction à cette règle peut entraîner, pour les marchés qui auraient été passés sur le vu de certificats devenus caducs, la résiliation du marché aux risques et périls de l'intéressé et sans qu'il soit besoin d'une mise en demeure dans les conditions déterminées par le cahier des C. C. G.

Les candidats qui désirent remplacer les pièces exigées par un certificat de cette nature doivent adresser celui-ci dix jours au moins avant l'adjudication au membre technique de la commission d'adjudication. Celui-ci en accuse réception et s'occupe d'en vérifier la validité, s'il le juge nécessaire. Il avise, dès qu'il le peut, les intéressés, de l'acceptation de leur certificat.

Art. 12.

Délivrance de certificats de dépôt des pièces exigées et conservation de ces pièces.

Les pièces déposées par les soumissionnaires sont placées dans des chemises séparées (modèle n° 8).

En vue de la délivrance des certificats dont il est question à l article précédent et qu'ils doivent d'ailleurs délivrer en autant d'exemplaires que le demande le déposant, les directeurs ou chefs de service tiennent un répertoire (modèle n° 9) des entrepreneurs ou fournisseurs ayant déposé en leurs mains les pièces exigées pour prendre part aux adjudications. Ce répertoire mentionne si le dépôt a été fait en vue d'une adjudication simple ou d'une adjudication restreinte.

S'il s'agit d'une personne, le répertoire indique son nom, son domicile, la nature de la pièce présentée en exécution des dispositions de l'article 10.

S'il s'agit d'une société, le répertoire indique la raison sociale, le siège social, la nature de la société (en nom collectif, en commandite, anonyme, à capital variable, d'ouvriers français), la date des statuts, la durée de la société, les noms de la ou des personnes qui ont qualité pour traiter en son nom et la représenter, les pièces présentées par ces personnes en exécution des dispositions de l'article 10.

Qu'il s'agisse de personnes ou de sociétés, le répertoire mentionne également la date à laquelle les pièces ont été déposées pour la première fois et les dates successives des déclarations de renouvellement du dépôt.

Les personnes et sociétés inscrites sur un répertoire sont rayées d'office une année après leur inscription, si elles n'ont pas déclaré renouveler, à l'expiration de ce délai, le dépôt des pièces exigées pour l'inscription.

Les pièces déposées sont détruites dix ans après la dernière déclaration de renouvellement du dépôt ou de l'expiration du dernier marché dont le déposant a été titulaire, à moins que celui-ci ne les ait réclamées, ce qu'il ne peut faire qu'un an au plus tôt après la date du dernier certificat de dépôt.

Lorsqu'une personne ou société est déclarée adjudicataire sur le vu d'un certificat, le membre technique de la commission d'adjudication correspondante avise de la date d'expiration du marché l'autorité qui a délivré le certificat; celle-ci conserve, pendant dix ans à partir de cette date, les pièces en dépôt, en vue des contestations qui pourraient s'élever (1).

---

(1) Si un litige s'élève au sujet de l'exécution du marché dont le titulaire avait été déclaré adjudicataire sur le vu d'un certificat de dépôt, avis en sera donné par le chef du service intéressé à l'autorité qui a délivré le certificat. Le délai de dix ans prévu ci-dessus sera alors étendu jusqu'au règlement définitif du litige.

Art. 13.

Etablissement des soumissions.

Les soumissions, établies en simple expédition, doivent remplir les conditions suivantes :

1° Etre établies sur papier timbré; l'inobservation de cette prescription n'est pas une cause de rejet, mais elle expose le soumissionnaire à des poursuites de la part des agents des finances;

2° Etre conformes, autant que possible, au modèle annexé au cahier des C. S. (1) et ne contenir en aucun cas des clauses restrictives, résolutoires ou exceptionnelles ;

3° Enoncer d'une manière claire et précise, en chiffres et en toutes lettres (2), sans ratures ni surcharges non approuvées :

A. — *Pour les marchés autres que ceux de travaux de constructions.*

a) Les quantités offertes, exprimées en unités d'après le système métrique, s'il y a lieu;

b) Les prix proposés par quintal métrique, hectolitre, litre, kilogramme, mètre cube, carré ou courant, ou toute autre unité indiquée au cahier des charges spéciales. Les prix sont exprimés en francs et centimes; toute fraction inférieure au centime est considérée comme non énoncée, sauf lorsque la valeur de l'unité des matières ou objets mis en adjudication n'atteint pas le franc; les prix proposés peuvent alors comprendre les millimes (3).

---

(1) Modèle n° 13 de la présente instruction en ce qui concerne les adjudications de travaux de constructions.

(2) Le fait de n'avoir pas énoncé en toutes lettres dans sa soumission les prix indiqués en chiffres, n'entraîne pas obligatoirement le rejet de la soumission. La commission décide si les énonciations des offres sont suffisamment claires pour pouvoir être admises.

(3) Règlement du 3 avril 1869, article 56 : « Toutes les fois que le cahier des charges n'exclut pas les enchères ou rabais au-dessous d'un centime, le prix ou la surenchère demandés ou bien le rabais consenti doivent sans exception être exprimés, dans les soumissions, sous le rapport fractionnaire, en fractions décimales dérivant directement du franc, unité monétaire, c'est-à-dire en centimes et en millimes. Ils doivent, en outre, être répétés en toutes lettres. »

B. — *En ce qui concerne les travaux de constructions ou les fournitures à adjuger sur prix de base :*

a) Un rabais ou une surenchère unique sur l'ensemble des prix portés dans le devis ou dans la série de prix. Ce rabais ou cette surenchère s'exprime par unités et dixièmes d'unité pour cent.

Si une soumission stipule une fraction inférieure au dixième d'unité, on la ramène au nombre de dixièmes immédiatement supérieur dans le cas de surenchère, et dans le cas de rabais, au nombre de dixièmes immédiatement inférieur (1) ;

b) Dans le cas où un prix global est demandé, le prix forfaitaire souscrit ;

4° Etre signées par le soumissionnaire ou par son représentant, agissant en vertu de pouvoirs réguliers, dûment légalisés et enregistrés, l'autorisant à signer le procès-verbal et les autres pièces du marché, s'il est déclaré adjudicataire. Ces pouvoirs peuvent également donner qualité au mandataire pour prendre part, le cas échéant, à un nouveau concours;

5° Dans les cas prévus dans les cahiers des charges spéciales, le soumissionnaire peut, sous réserve de justifier de son identité, remettre personnellement au chef du service du lieu de sa résidence ou à son suppléant, une déclaration écrite, par laquelle il constitue mandataire M. X..., à l'effet de prendre part, en son nom, à l'adjudication, et, le cas échéant, à un nouveau concours. En pareil cas, le chef du service envoie à son collègue du lieu de l'adjudication un télégramme de service faisant connaître le nom de ce mandataire. Sur le vu de ce télégramme, la commission d'adjudication peut, après constatation de l'identité du mandataire, l'admettre à concourir.

Art. 14.

Pièces qui doivent être annexées aux soumissions.

Lorsqu'un cautionnement provisoire est exigé, les concurrents doivent annexer à leur soumission un récépissé du versement prescrit.

Lorsqu'il est exigé un cautionnement définitif ou une caution personnelle solidaire pour la garantie de l'exécution du marché, les concurrents doivent joindre à leur soumission ou y faire figurer :

---

(1) Voir la note (3) de la page précédente.

Soit une déclaration portant engagement de constituer, dans les quinze jours qui suivront la notification de l'approbation de l'adjudication, le cautionnement définitif imposé ;

Soit une déclaration de consentir, sur le montant des services faits, à des retenues successives dans les conditions prévues par le titre V de la présente instruction, jusqu'à concurrence de la garantie exigée, si les cahiers des C. C. ou des C. S. autorisent ce mode de garantie ;

Soit une déclaration faisant connaître leur intention de présenter une caution personnelle solidaire, dont les nom, prénoms, domicile et lieu de naissance seront indiqués, si les cahiers des C. C. ou des C. S. autorisent ce mode de garantie.

Dans ce dernier cas, à cette déclaration seront jointes :

1° Une pièce justifiant la qualité (Français ou indigène) de la personne présentée, ou, si la personne est étrangère, l'acceptation prononcée par l'autorité compétente, comme il est dit à l'article 10 (1);

2° Une déclaration de cette personne portant promesse de s'engager, solidairement avec le demandeur, pour l'exécution du service à entreprendre, dans le cas où celui-ci serait déclaré adjudicataire.

Les déclarations dont il est question ci-dessus doivent, si elles sont distinctes de la soumission, être établies, comme celle-ci, sur papier timbré.

Art. 15.

Dépôt des soumissions.

Les soumissions auxquelles sont annexées les pièces exigées par l'article 10 et, le cas échéant, celles prévues par l'article 14, sont placées sous enveloppes cachetées portant le nom des soumissionnaires. Elles sont remises en séance publique au président de la commission d'adjudication. Elles peuvent aussi être adressées par plis recommandés au président, ou au membre technique de la commission, dans les délais prévus par le cahier des charges spéciales, sans que l'inobservation de ces délais puisse être une cause de rejet si les soumissions parviennent à la commission avant le délai extrême fixé en séance pour leur dépôt, comme il est spécifié à l'article 17 ci-après. Elles sont alors envoyées sous double enveloppe, l'enveloppe extérieure

---

(1) Cette pièce peut être remplacée par un certificat de la nature de ceux prévus à l'article 11 et concernant la caution présentée.

n'indiquant pas qu'elle contient une soumission, l'enveloppe intérieure portant en suscription, le nom du soumissionnaire et la désignation des lots ou des travaux soumissionnés; toutefois, l'inobservation de ces prescriptions n'entraîne pas la nullité de la soumission. En vue de permettre aux concurrents qui enverront leur soumission par la poste ou qui la feront remettre par un tiers de prendre part, le cas échéant, à un 2ᵉ concours, ils peuvent envoyer sous la même enveloppe extérieure deux plis cachetés dont le second, portant une suscription particulière, n'est ouvert que dans le cas où un 2ᵉ concours aurait lieu. Mais les soumissionnaires sont seuls responsables des erreurs qui pourraient se produire par suite d'indications inexactes portées sur les enveloppes. S'il n'est pas nécessaire d'ouvrir le second pli, il reste annexé au procès-verbal de l'adjudication dans l'état où il se trouve.

Lorsqu'une soumission est signée par un mandataire ou un représentant du soumissionnaire, elle doit être, à peine de nullité, accompagnée des pièces justificatives des pouvoirs donnés au signataire. La commission, avant d'accepter définitivement une soumission signée par un représentant, vérifie l'existence de pouvoirs régulièrement donnés : si ces pièces ne sont pas produites, la soumission est rejetée.

Si de nouvelles offres sont déposées lors d'un 2ᵉ concours, les représentants des soumissionnaires doivent produire leurs pouvoirs réguliers et faire la preuve de leur identité pour être admis à formuler de nouvelles offres pour le compte de ceux qu'ils représentent.

L'attention des membres de la commission est appelée sur les points suivants :

1º Toute soumission signée par un mandataire ou représentant qui n'a pas produit des pouvoirs réguliers doit être rejetée sans qu'il en soit donné lecture; l'incident est mentionné au procès-verbal.

2º Une soumission, acceptée et lue, ne peut plus être rejetée, sauf pour vice substantiel relatif à la validité de l'engagement lui-même.

Art. 16.

Obligations résultant du dépôt d'une soumission.

Une soumission déposée ne peut être retirée.

La remise d'une soumission engage le signataire et sa caution, s'il y en a une, jusqu'au prononcé de l'adjudication.

Le prononcé du résultat de l'adjudication libère les soumissionnaires et les cautions présentées, à l'exception des adjudicataires et de leurs cautions qui, par ce fait, se trouvent irrévoca-
blement engagés vis-à-vis de l'Etat.

Art. 17.

Séance d'adjudication.

La commission se réunit aux lieu, jour et heure indiqués par
l'avis au public. Le fonctionnaire de l'intendance et le chef de
service ou l'officier de la garnison prennent place au bureau,
à droite et à gauche du membre civil, président, suivant leur
rang de préséance. En l'absence du membre civil, dûment prévenu, l'officier ou le fonctionnaire du rang le plus élevé dans l'ordre des préséances préside la séance.

Il en est fait mention au procès-verbal.

En cas de partage des voix, celle du président est préprondé-
rante.

Le président est chargé de faire assurer la police de la séance
et le maintien de l'ordre. Après avoir déclaré la séance ouverte,
il fait connaître l'objet de la réunion et dépose sur le bureau,
s'il y a lieu, le pli cacheté contenant les prix-limites, en faisant
constater que les cachets sont intacts.

Le membre technique dépose sur le bureau les pièces du marché énumérées à l'article 9 ci-dessus, ainsi que les affiches et
journaux ayant annoncé l'adjudication.

Il donne lecture des articles de la présente instruction, et du
cahier des charges spéciales, dont la communication est récla-
mée par les concurrents à l'adjudication, et en tant que cette
communication est jugée utile par la commission.

Il donne les renseignements et éclaircissements qu'il juge nécessaires ou qui sont demandés par les candidats ou par les
membres de la commission.

Le président réclame le dépôt des soumissions, fait connaître
le délai exact passé lequel il n'en sera plus accepté et donne un
numéro d'ordre à celles qui sont ou ont été successivement remises ou envoyées.

A l'expiration du délai fixé par la commission pour le dépôt
des soumissions, le président les décachette successivement dans
l'ordre des numéros, les date, les vise et les soumet à l'examen
de la commission.

La commission, après avoir pris connaissance du répertoire
des entreprenurs et fournisseurs exclus des adjudications et

marchés du Département de la guerre, écarte les soumissions dont le titulaire figurerait sur ce répertoire.

La commission décide définitivement sur la reconnaissance des sociétés candidates, comme sociétés d'ouvriers, et sur leur admission, en cette qualité, à l'adjudication à intervenir (1).

Elle examine en séance toutes les soumissions et les pièces qui leur sont annexées, et vérifie en détail les calculs qui ont servi à établir les soumissions.

Dans les adjudications par lots comportant l'application de prix unitaires multiples, la commission peut suspendre la séance, entre le dépouillement des prix et la proclamation des résultats, pendant un temps suffisant pour établir, sans risque d'erreur, le classement des offres.

Hors le cas de fourniture par conversion, les prix unitaires seuls font foi. Pour chaque lot, le total des produits résultant de l'application des prix unitaires aux quantités détermine toujours le classement des offres, lors même qu'une soumission énoncerait pour le lot un prix global différent de ce total.

Pour les fournitures par conversion, le classement des offres est basé sur les soultes demandées. Si l'application des prix unitaires (matières neuves et vieilles matières) d'une soumission donne une soulte différente de celle demandée, celle-ci et le prix unitaire fixé pour les matières neuves font seuls foi. Quant au prix unitaire fixé pour les vieilles matières, il est modifié de manière qu'il corresponde à la soulte demandée. Le prix, ainsi corrigé, est arrondi *par excès*, en centimes ou en millimes, suivant que sa valeur atteint ou non le franc, de manière que la soulte résultant de son application ne soit jamais supérieure à la soulte demandée (2). Si les vieilles matières

---

(1) Il résulte d'un arrêt du Conseil d'Etat du 19 juillet 1901 (société « La Laborieuse » contre le préfet du Gard) que les sociétés d'ouvriers français ont le droit de faire appel à des commanditaires sans perdre pour cela le caractère de société ouvrière.

(2) Supposons une soumission offrant 9.000 kilogr. de matières neuves à 200 francs les 100 kilogr., contre reprise de 9.885 kilogr. de vieilles matières à 170 fr. 20 les 100 kilogr. et indiquant que la soulte sera de 1.194 fr. 35.

La vérification montre que $90,00 \times 200,00 - 98,85 \times 170,20 = 18.000,00 - 16.824,27 = 1.175,73$.

Il n'y a donc pas concordance entre les diverses indications de la soumission. Pour rétablir la concordance, on modifie le prix des vieilles matières, de manière que leur montant soit égal à la différence entre le montant des matières neuves résultant du prix fixé (200 fr.) et la soulte demandée : 1.194 fr. 35.

Le prix ainsi calculé est $\dfrac{18.000,00 - 1.194,35}{98,85} = \dfrac{16.805,65}{98,85} = 170,011$, on obtient le prix corrigé en arrondissant par excès en centimes ce prix calculé; le prix corrigé est donc 170,02 et la soulte exacte sera :

$90,00 \times 200,00 - 98,85 \times 170,02 = 18.000,00 - 16.806,47 = 1.193,53$.

comportent diverses catégories pour lesquelles des prix unitaires distincts sont demandés à titre de renseignement, ces prix sont modifiés dans la même proportion que le prix moyen qui, en tout cas, sert seul au calcul des décomptes.

Les soumissions et les pièces annexées présentant quelque défaut de forme sont l'objet, de la part de la commission, d'un examen immédiat. La décision prise par la commission, à la suite de cet examen, est notifiée de vive voix aux intéressés, séance tenante, avant de poursuivre les opérations.

Le président donne ensuite lecture de toutes les soumissions reçues, de celles admises comme de celles qui ont été rejetées, à un titre quelconque. Les unes et les autres demeurent annexées au procès-verbal.

Les dispositions de l'alinéa précédent ne s'appliquent pas aux soumissions dont le dépôt n'a pas été accepté, puisque, leur enveloppe n'ayant pas été ouverte, elles sont considérées *a priori* comme inopérantes.

Le membre technique fait ensuite établir un tableau de classement des soumissions, dans l'ordre des moins-disants ; à égalité d'offres en prix, les soumissions sont placées en commençant par les plus faibles, dans l'ordre de croissance des quantités offertes ; à égalité d'offres en prix et en quantités, elles sont placées dans l'ordre de leurs numéros.

Cette opération terminée, le président donne lecture à haute voix du tableau de classement.

Puis il brise les cachets de l'enveloppe contenant les prix-limites, communique ces prix aux membres de la commission en rappelant qu'ils doivent rester secrets, et déclare adjudicataires provisoires ou définitifs, sous réserve des approbations prévues à l'article 20, dans l'ordre de leur inscription au tableau de classement, jusqu'à concurrence des quantités mises en adjudication, ceux des soumissionnaires dont les offres sont inférieures ou égales aux prix-limites (1), application faite, toute-

---

(1) Un même lot peut comporter plusieurs subdivisions pour lesquelles il a été fixé des prix-limites distincts. Dans ce cas, le prix-limite à considérer est le total des produits des quantités à livrer par les prix-limites correspondants.

Soit par exemple à livrer en un lot unique :

1° 3.000 kilogr. d'huile épaisse pour cylindre, prix-limite 0 fr. 50 le kilogr.;

2° 1.000 kilogr. d'huile épaisse pour transmissions, prix-limite 0 fr. 40 le kilogr.;

3° 5.000 kilogr. d'huile fluide pour transmissions, prix-limite 0 fr. 50 le kilogr.:

Le prix-limite à considérer pour le lot sera :

$$3.000 \times 0 \text{ fr. } 50 = 1.500 \text{ francs.}$$
$$1.000 \times 0 \text{ fr. } 40 = 400 \text{ francs.} \Big\} 4.400 \text{ francs.}$$
$$5.000 \times 0 \text{ fr. } 50 = 2.500 \text{ francs.}$$

fois, des dispositions de l'article 18 ci-après, dans le cas d'égalité d'offres.

Le pli renfermant les prix-limites est ensuite recacheté pour rester annexé, en cet état, au procès-verbal de la séance.

S'il n'a pas été fixé de prix limite ou si, *pour une cause quelconque, la commission n'est pas en possession du pli cacheté renfermant le prix-limite,* le président déclare adjudicataires, sous réserve de l'approbation du Ministre ou de son délégué, jusqu'à concurrence des quantités mises en adjudication, ceux des soumissionnaires dont les offres sont les plus avantageuses pour le Trésor, application faite, toutefois, des dispositions de l'article 18 ci-après, dans le cas d'égalité d'offres.

Art. 18.

Cas de nouveau concours.

L'un des cas suivants peut se présenter au cours d'une adjudication ; la solution en sera donnée d'après les règles ci-après :

1° *Les quantités offertes dans les limites du prix fixé par l'administration sont inférieures à la fourniture à faire.*

Lorsque l'ensemble des quantités adjugées est inférieur au chiffre de la fourniture à effectuer, le président fait connaître la quantité restant à adjuger et appelle à un nouveau concours toutes les personnes présentes, remplissant les conditions imposées par l'article 10.

Les offres peuvent être formulées sur les soumissions primitives.

Si ce nouveau concours demeure sans résultat, en tout ou en partie, le président déclare qu'il n'y a pas lieu à adjudication pour la quantité non soumissionnée dans la limite fixée ;

2° *Les quantités offertes dans la limite du prix fixé par l'administration sont supérieures à la fourniture à faire.*

a) La dernière soumission acceptable, s'il n'y a pas d'autres offres égales en prix, est réduite au complément, quel qu'il soit, des quantités à adjuger.

b) Sous réserve des exceptions prévues aux paragraphes 4° et 5° ci-après, si plusieurs offres à des prix égaux sont en présence pour couvrir, soit la totalité de la fourniture, soit la quantité complémentaire à adjuger, un nouveau concours est ouvert, séance tenante, mais seulement entre les auteurs de ces offres. Ils sont admis, à cet effet, à formuler un nouveau rabais au bas de leurs soumissions, et même à augmenter, s'il y a lieu, le chiffre des quantités offertes, sans pouvoir le diminuer, et l'adjudication est prononcée en faveur de ceux dont le prix est le moins élevé. Si les concurrents ne consentent pas à un nouveau concours, ou si l'on se trouve encore en présence de prix égaux, le sort décide de l'ordre dans lequel seront désignés les adjudicataires (1) ;

3° *Les offres inférieures aux prix-limites et les plus avantageuses pour l'Etat sont égales, alors que la fourniture ou le service n'est pas divisible.*

Sous réserve des exceptions prévues aux paragraphes 4° et 5° ci-après, il est procédé à un nouveau concours entre les soumissionnaires de ces offres. Si ce nouveau concours demeure sans résultat, ou si les concurrents refusent de faire de nouvelles offres, le sort décide entre eux ;

4° *Egalité d'offres faites par des sociétés d'ouvriers français et par d'autres soumissionnaires.*

Dans ce cas, les offres faites par les sociétés d'ouvriers français ont la préférence; en cas d'égalité d'offres faites par plusieurs sociétés de cette nature, le sort en décide;

---

(1) Soit, par exemple, une quantité de 1.500 quintaux de blé restant à adjuger :

1er *Concours.*

	Quintaux.	Fr. c.
A.	100	25 00
B.	200	25 00
C.	500	25 00
D.	1.000	25 00

2e *Concours.*

	Quintaux.	Fr. c.
C.	500	24 00
B.	300	24 50
A.	300	25 00
D.	1.000	25 00

Les offres de A et de D étant égales en prix, le sort décide que A restera placé avant D.

Le classement définitif sera alors le suivant :

	Quintaux.	Fr. c.
C.	500	24 00
B.	300	24 50
A.	300	25 00
D.	1.000	25 00

Il sera adjugé à :

C.	500
B.	300
A.	300
D.	400
	1.500

5° *Egalité d'offres faites, en Algérie, en Tunisie et au Maroc, par des Français et des étrangers ou des indigènes.*

Si deux concurrents, l'un français, l'autre étranger ou indigène, font des offres égales et se refusent à faire de nouvelles offres, ou lorsqu'un deuxième concours reste sans résultat, le soumissionnaire français est déclaré adjudicataire, sans qu'il y ait lieu de recourir au tirage au sort. Si un étranger et un indigène sont en présence, l'indigène est préféré.

Art. 19.

Réclamations. — Protestations.

Toute difficulté survenant pendant l'adjudication est examinée immédiatement et résolue par le bureau.

Il en est fait mention au procès-verbal.

Les décisions de la commission, portées à haute voix à la connaissance du public, sont définitives et sans appel.

Les protestations et réclamations faites séance tenante, par un ou plusieurs soumissionnaires, sont l'objet d'une mention au procès-verbal, qui est alors signé par les réclamants.

Si aucune réclamation n'est faite, le procès-verbal le mentionne.

Art. 20.

Approbation et acceptation des résultats du concours.

S'il a été fixé un prix-limite, les résultats des adjudications sont approuvés par le directeur local, même s'il ne s'est présenté qu'un seul soumissionnaire, à la condition qu'il ne se soit produit aucune réclamation ou protestation mentionnée au procès-verbal. Le directeur local peut déléguer ses pouvoirs au membre technique de la commission d'adjudication.

S'il n'a pas été fixé de prix-limite, l'approbation est réservée au Ministre. Toutefois, délégation peut être donnée au directeur local d'approuver, dans ce cas, les résultats de l'adjudication. Cette délégation est conférée, d'une manière permanente, aux directeurs du génie en Algérie et en Tunisie, pour toutes les adjudications de travaux de constructions militaires à exécuter dans leurs directions respectives.

L'approbation des résultats des adjudications est toujours réservée au Ministre, nonobstant toute délégation, s'il y a des réclamations ou des protestations mentionnées au procès-verbal

Lorsqu'il y est autorisé par délégation, le membre technique peut, soit accepter définitivement et séance tenante les résultats de l'adjudication, soit surseoir à donner son approbation. Lorsque l'approbation de l'adjudication n'est pas prononcée séance tenante par le membre technique, celui-ci fait connaître aux soumissionnaires à quelle autorité incombe l'approbation, et il appelle l'attention des adjudicataires sur le caractère provisoire du marché et sur les stipulations de l'article 23 ci-après, relatives aux délais d'exécution.

Les délais dans lesquels l'approbation doit être notifiée aux contractants sont au maximum de trente jours lorsqu'elle est réservée au Ministre, dix jours dans les autres cas (article 4 du cahier des C. C. G. du 15 octobre 1921 et article 4 du cahier des C. C. G. du 1er août 1921).

Lorsque l'approbation n'a pas été notifiée dans ces délais, l'adjudicataire peut renoncer à l'exécution du contrat, à condition d'en faire la déclaration écrite au chef du service; il ne lui est dû, de ce chef, aucune indemnité.

Si la caution personnelle n'est pas agréée par la commission d'adjudication, l'adjudicataire est prévenu qu'il devra constituer le cautionnement définitif prévu par le cahier des charges spéciales pour les lots de fournitures ou travaux dont il est titulaire.

Art. 21.

Communication des résultats de l'adjudication.

Il n'est, dans aucun cas, donné suite aux demandes de communication des prix offerts ou adjugés qui seraient formulées auprès des représentants locaux de l'administration militaire.

Les soumissions étant lues *in extenso* et les résultats proclamés en séance publique, il appartient aux intéressés de prendre note des offres des concurrents s'ils le jugent utile.

Art. 22.

Procès-verbal d'adjudication.

Les opérations de la commission et les résultats de l'adjudication sont constatés dans un procès-verbal (1), établi au nom du membre civil, président de la commission, dressé en deux originaux, et qui tient lieu de marché.

------

(1) Modèle n° 14 pour les adjudications de travaux du service du génie.

Le procès-verbal, ainsi que les tableaux et les annexes, quand il y a lieu, sont signés par les adjudicataires et leurs cautions, par les réclamants ainsi que par les membres et le président de la commission.

Si, au moment de la clôture des opérations de la commission, l'un des adjudicataires est absent ou non représenté, ou s'il refuse de signer les pièces, mention en est faite au procès-verbal de la séance qui tient lieu quand même de marché.

Le membre technique en adresse un extrait conforme à l'adjudicataire par lettre recommandée avec accusé de réception postal. Indépendamment de l'accusé de réception postal, l'adjudicataire est invité à accuser lui-même réception de l'extrait du procès-verbal. A défaut de réponse de l'adjudicataire, le membre technique fait signifier cet extrait à son domicile et, s'il y a lieu, au domicile de sa caution, par voie administrative (1) ou, en cas d'impossibilité, par acte d'huissier.

Si l'approbation est réservée au Ministre, l'un des originaux du procès-verbal lui est envoyé en communication. Il est adressé dans les vingt-quatre heures, par le membre technique, au directeur du service intéressé, qui le transmet d'extrême urgence au Ministre. A cet original sont jointes toutes les pièces sur le vu desquelles la commission d'adjudication a admis à soumissionner les adjudicataires déclarés en séance.

Après l'approbation des résultats de l'adjudication, un des originaux du procès-verbal doit être timbré et enregistré. L'enregistrement de cet acte n'est valable et libératoire que s'il est effectué par le bureau de la circonscription dans laquelle réside l'autorité qui l'a reçu. En conséquence, pour éviter tout retard et toute complication, les chefs de service sont chargés, quelle que soit l'autorité qui aura statué sur les résultats de l'adjudication, de porter sur l'original du procès-verbal la mention de l'approbation : « Approuvé par nous (nom et qualité, résidence du chef de service), en vertu de l'autorisation donnée par (Ministre, Directeur), à la date du..... » (2).

L'approbation est notifiée à l'adjudicataire suivant le mode indiqué au 4ᵉ alinéa du présent article.

---

(1) On appelle notification ou signification administrative celle qui est faite par un agent assermenté de l'administration.

(2) Cette disposition ne déroge pas aux règlements en vigueur sur l'approbation des marchés. Dans le cas où l'approbation est réservée soit au directeur, soit au Ministre, le chef du service attendra, pour porter la mention d'approbation, d'avoir reçu notification de la décision à intervenir

Le timbre et l'enregistrement sont poursuivis aux frais des adjudicataires et à la diligence du chef du service, signataire de la mention d'approbation.

L'original, timbré et enregistré, reste dans les archives du chef de service, qui en délivre toute copie conforme et tout extrait nécessaires; les soumissions et l'enveloppe cachetée contenant le prix-limite y demeurent annexées.

Le second original est déposé aux archives de la mairie.

Art. 23.

Date à partir de laquelle courent les délais d'exécution.

Lorsque les marchés ont été acceptés définitivement en séance par le membre technique opérant au nom et pour le compte de l'Etat, les délais d'exécution courent du lendemain du jour de l'adjudication.

Si l'approbation a été réservée, les délais ne courent que du lendemain du jour de la notification à l'intéressé de la décision définitive d'approbation. La date de cette notification, lorsqu'elle n'a pas été faite par la voie administrative ou par ministère d'huissier, est celle que l'accusé de réception postal indique comme date de la remise de la lettre recommandée.

Art. 24.

Insuccès d'une adjudication publique simple.
Concours consécutif.

Lorsqu'une adjudication publique simple n'a donné aucun résultat, tant après un premier qu'après un second concours ouvert séance tenante dans les conditions indiquées par l'article 18 de la présente instruction, ou lorsqu'elle n'a donné qu'un résultat partiel, le président annonce, s'il y a lieu, qu'il sera procédé à un concours dit « concours consécutif » dans les conditions prévues à l'article 45 de la présente instruction.

En cas d'insuccès d'une adjudication et du concours consécutif, s'il en a été ouvert, le directeur du service local a la faculté, suivant les circonstances et la durée du marché, soit de faire procéder à une nouvelle adjudication, soit de prescrire, par application du paragraphe 9 de l'article 18 du décret du 18 novembre 1882, la passation d'un marché de gré à gré, dans les conditions prévues à l'article 46 de la présente instruction.

Les affiches et avis annonçant la première adjudication peuvent mentionner que pour les fournitures non adjugées, soit en séance, soit au concours consécutif, s'il en a été ouvert, une nouvelle adjudication aura lieu à une date déterminée, postérieure de quinze à vingt jours à celle de la première. Ce délai peut être réduit ou augmenté suivant les circonstances.

A l'issue de la première séance d'adjudication, le président de la commision rappelle, s'il y a lieu, la date de la nouvelle adjudication, et indique les parties de la fourniture qui en feront l'objet, si toutefois le concours consécutif ne donne aucun résultat.

CHAPITRE III.

Règles applicables aux adjudications restreintes.

SECTION Iʳᵉ.

OPÉRATIONS PRÉCÉDANT LA SÉANCE D'ADJUDICATION.

Art. 25.

Déclarations et références à produire pour prendre part aux adjudications restreintes.

Toute personne ou société qui a l'intention de concourir à une adjudication restreinte, adresse ou remet au membre technique de la commission d'adjudication et dans le délai indiqué par les avis d'adjudication :

1° Une déclaration indiquant son intention de soumissionner (1), ses nom, prénoms, domicile et qualité, ainsi que le lieu et la date de sa naissance s'il s'agit d'une personne, ou sa raison sociale s'il s'agit d'une société, et spécifiant, s'il y a lieu, le nombre de lots ou les places ou arrondissements de fournitures pour lesquels elle demande à concourir ; elle fait en outre connaître, le cas échéant, la manière dont elle entend réaliser le cautionnement définitif prévu, ou son intention de constituer une caution personnelle.

2° Un état indiquant les entreprises de fournitures pour les services publics dont le soumissionnaire aurait été antérieurement adjudicataire, soit seul, soit en société.

Quand il s'agit d'une adjudication de travaux, les références consistent en une note émanée du candidat et indiquant le lieu, la date, la nature et l'importance des travaux qu'il a exécutés, ainsi que les noms, qualités et domiciles des hommes de l'art sous la direction desquels il les a exécutés (modèle n° 11) ;

---

(1) Modèle n° 10 pour les adjudications de travaux du service du génie.

3° Si le soumissionnaire spécifie avoir l'intention de présenter une caution personnelle, une déclaration écrite par cette personne, faisant connaître ses nom, prénoms, domicile et lieu de naissance, et portant promesse de s'engager solidairement avec le demandeur pour l'exécution du service à entreprendre, dans le cas où celui-ci serait déclaré adjudicataire. La caution doit satisfaire aux règles de nationalité imposées aux soumissionnaires.

La caution personnelle d'une société en nom collectif ne peut être l'un des associés; celle d'une société en commandite ne peut être l'un des commandités. La caution personnelle d'une société anonyme ne peut être ni son mandataire ni l'un des membres du conseil d'administration. La caution personnelle des sociétés d'ouvriers ne peut être ni membre de la société, ni faire partie du conseil d'administration, ni être son mandataire.

Ces pièces doivent être accompagnées, soit de celles indiquées à l'article 26, soit d'un certificat établi dans les conditions fixées aux articles 11 et 12 ci-dessus. Ce certificat, pour être valable, doit mentionner expressément qu'il a été délivré en vue d'une adjudication restreinte.

Lorsqu'il s'agit de fabrications de matières ou objets, ou de confections particulièrement importantes, et lorsque les cahiers des C. C. ou des C. S. le spécifient, la production des pièces spéciales ci-après énumérées peut être exigée sans que le certificat dont il vient d'être question puisse en tenir lieu :

a) Un acte de notoriété passé par-devant notaire, attestant que les usines, ateliers, machines, ustensiles, engins et agrès nécessaires pour l'exécution de la fourniture ou du service à entreprendre appartiennent réellement en toute propriété au demandeur.

A défaut de titre de propriété, il doit être fourni un bail ou promesse de bail authentique, constatant que la jouissance des lieux, de la force motrice et du matériel est exclusivement réservée au locataire, pour une durée ininterrompue suffisante pour l'exécution complète et entière du service à entreprendre. Est réputé non valable tout bail qui réserverait au propriétaire la faculté de résilier avant la complète exécution du marché.

De plus, le demandeur propriétaire ou le bailleur doit consentir expressément à la rétrocession à l'Etat de ses ateliers, usines et matériel, si cette condition est prévue par le cahier des C. S. ;

b) Les plans des usines et ateliers dans lesquels le demandeur se propose de fabriquer, confectionner ou transformer des objets, des matières, denrées ou effets, selon la nature du service à entreprendre, avec l'état détaillé du conditionnement de l'outillage. Ces usines et ateliers doivent être situés, soit en territoire français, soit en pays de protectorat. Les plans et leurs annexes sont certifiés : dans les colonies et les pays de protectorat, par un architecte de l'une des administrations civiles de l'Etat ; en France, par l'architecte départemental ;

c) Une déclaration indiquant la force motrice dont chaque usine dispose et faisant connaître, pour les moteurs hydrauliques, les nombres de jours de chômage qui ont été, pendant les deux dernières années, la conséquence de la hausse ou de la baisse des eaux.

Le membre technique donne au déposant un récépissé énumératif de toutes les pièces déposées.

Les personnes ou sociétés engagées au moment de l'adjudication dans un marché conclu à la suite d'une adjudication restreinte et ressortissant au même service que celui que concerne l'adjudication, sont dispensées, en principe, de la production des références indiquées aux paragraphes a, b et c ci-dessus, à la condition de présenter une copie authentique du marché en cours dont elles sont titulaires.

Art. 26.

Pièces à produire pour prendre part à une adjudication restreinte (1).

Les pièces qui, à moins d'être remplacées par un certificat de dépôt, doivent accompagner la déclaration d'intention de soumissionner, sont énumérées ci-après :

a) *Personne soumissionnant en son propre nom.*

Une pièce constatant sa qualité de Français, ou d'indigène algérien en Algérie, ou d'indigène tunisien en Tunisie, ou d'indigène marocain au Maroc, ou, enfin, une décision du Ministre l'autorisant à prendre part à l'adjudication (2).

---

(1) Pour les sociétés alsaciennes et lorraines, se reporter à la circulaire du 10 juin 1921 insérée à la fin du présent volume, page 164.

(2) Voir, en ce qui concerne la nature de ces pièces, les renvois (1), (2) et (3) de l'article 10 ci-dessus.

b) *Société en nom collectif ou en commandite.*

1° Une expédition légalisée, de l'acte constitutif de la société, des statuts et, le cas échéant, des actes modificatifs. La société ne sera admise qu'autant que sa durée, qui ne devra pas être illimitée, sera au moins égale à celle du marché à intervenir, et que les actes constitutifs et modificatifs de ses statuts ne stipuleront pas de réserve de nature à restreindre la responsabilité solidaire des associés dans les sociétés en nom collectif, et les responsabilités spéciales aux commandités et aux commanditaires dans les sociétés en commandite.

2° L'une des pièces énumérées au paragraphe *a*) du présent article, pour chacun des associés et, le cas échéant, des tiers gérants des sociétés en nom collectif, pour les commandités ou les gérants, ou les membres du conseil de surveillance des sociétés en commandite simple ou par actions.

c) *Société anonyme.*

1° Une expédition légalisée de l'acte de société, des statuts et, le cas échéant, des actes modificatifs. La société ne sera admise qu'autant que sa durée, qui ne devra pas être illimitée, sera au moins égale à celle du marché à intervenir, et que ses actes constitutifs ou modificatifs et ses statuts ne stipuleront pas de réserve de nature à affaiblir la valeur du gage que représente, pour ses créanciers, son capital social ;

2° Une déclaration signée par le président du conseil d'administration et légalisée, faisant connaître les noms de la personne ou des personnes qui, d'après les statuts, ont qualité pour traiter au nom de la société et pour la représenter, pendant la durée du marché, pour tout ce qui concerne l'exécution du contrat. Cette déclaration doit être accompagnée, pour le président et pour le ou les mandataires désignés, d'une des pièces visées au paragraphe *a*) du présent article.

Dans le cas où la société voudrait, en cours de marché, substituer de nouveaux mandataires à ceux primitivement agréés par l'administration, cette substitution devrait être soumise au préalable à l'acceptation du Ministre. Toute substitution non autorisée serait considérée comme une modification apportée sans autorisation à la constitution de la société, et serait susceptible d'entraîner la résiliation du marché, aux risques et périls du fournisseur, dans les conditions prévues au cahier des C. C. G.

d) *Société à capital variable.*

Les pièces à fournir seront celles énumérées au paragraphe *b*) du présent article, si la société est en nom collectif ou en commandite, celles indiquées au paragraphe c), si elle est anonyme.

e) *Société d'ouvriers français.*

Lorsqu'une société d'ouvriers français se présente pour la première fois à une adjudication du Département de la guerre :

1° Une expédition légalisée de l'acte de société et ses statuts ;

2° Les décisions du conseil d'administration ou de l'assemblée générale qui auront modifié l'acte de société, les statuts ou prononcé des admissions ou des exclusions d'actionnaires depuis la création de la société ;

3° Un état nominatif des actionnaires avec la justification de leur nationalité française, de leurs qualité et profession ;

4° Des certificats délivrés aux gérants, administrateurs ou autres associés, et les déléguant spécialement pour traiter au nom de la société et pour la représenter pendant la durée du marché pour tout ce qui concerne l'exécution du contrat ;

5° Une déclaration indiquant le nombre minimum des sociétaires que la société s'engage à employer à l'exécution des marchés.

Lorsqu'une société d'ouvriers français a déjà été admise à soumissionner :

Les pièces prévues dans les paragraphes 2°, 3° et 5° ci-dessus.

Lorsque le marché sera de longue durée, le chef de service exigera, périodiquement et à des échéances fixes qu'il déterminera, les justifications cotées 2° et 3°.

Dans ces deux derniers cas, les renseignements relatifs aux modifications apportées à l'organisation et à la constitution de la société ne devront remonter qu'à la date des dernières déclarations produites.

Art. 27.

Justifications dont sont dispensés les candidats à plusieurs adjudications.

En cas d'adjudications faites à la même époque sur plusieurs points du territoire, pour des fournitures ou des travaux de même nature, par exemple pour des entreprises de confection ou de fournitures à la ration, toute personne ou société ayant effectué sur un point le dépôt des justifications exigibles, peut, sans être obligée de produire de nouveau les mêmes pièces, ni même de fournir le certificat dont il est question à l'article 11, demander à concourir à plusieurs de ces adjudications dans les conditions prévues soit par le cahier des C. S., soit par l'avis d'adjudication.

A cet effet, elle fait parvenir au membre technique de l'une des commissions, à son choix (1), une demande déclarant son intention de soumissionner, accompagnée des pièces énumérées dans les articles 25 et 26, et aux membres techniques des autres commissions, une simple demande d'admission, sauf à produire, à chacune des commissions d'adjudication devant laquelle elle se présentera, la preuve qu'elle a été admise à prendre part à l'un des concours simultanés. La commission d'adjudication apprécie la validité des justifications fournies et statue sommairement et définitivement en séance sur l'admission ou l'éviction du demandeur.

Art. 28.

Clôture de la liste des demandes d'admission.

Lé membre technique dresse la liste des déclarations d'intention de soumissionner reçues et l'arrête définitivement à l'expiration du délai fixé pour le dépôt.

S'il s'agit d'opérations d'un caractère général ou spécial, devant avoir lieu à Paris ou dans des centres déterminés, la liste arrêtée et appuyée des déclarations est transmise au Ministre de la guerre, par la voie hiérarchique.

S'il s'agit d'une adjudication locale ou s'appliquant à un arrondissement déterminé, cette liste est conservée par le membre technique, qui en adresse une expédition au directeur du service intéressé.

Dès la réception des déclarations, le membre technique s'occupe de recueillir tous les renseignements propres à éclairer la commission sur l'aptitude générale, la moralité commerciale et la solvabilité des signataires (soumissionnaires et, le cas échéant, cautions).

A cet effet, il s'adresse notamment aux autorités municipales, aux tribunaux et aux chambres de commerce.

Il s'assure, en particulier, de la situation des candidats au point de vue de l'état de faillite ou de liquidation judiciaire, en

---

(1) Pour les entreprises de fournitures à la ration (pain et fourrages), la déclaration d'intention de soumissionner doit être adressée, obligatoirement, au membre technique de la commission d'admission dans la circonscription de laquelle se trouve le domicile légal du candidat.

prenant tous les renseignements utiles à ce sujet, au greffe du tribunal de commerce du lieu où le candidat a son domicile légal (1) et, s'il est nécessaire, en réclamant au parquet du tribunal civil du lieu de naissance du candidat, le bulletin n° 2 prévu à l'article 4 de la loi du 17 juillet 1900 (2).

Si les postulants ont été ou sont encore titulaires de marchés de la guerre, il demande des renseignements aux chefs de service sur la manière dont les candidats ont exécuté ou exécutent leurs engagements.

Art. 29.

Visite des usines, manufactures, ateliers, etc.

Le Ministre peut, s'il le juge nécessaire, faire visiter par des commissions spéciales, les usines, manufactures, ateliers, chantiers, etc., indiqués par les signataires des déclarations comme devant être affectés à l'exécution du service à entreprendre, afin de s'assurer qu'ils remplissent les conditions exigées par les cahiers des charges et de se rendre compte du chiffre maximum de la production qu'ils peuvent donner dans les limites d'un bon conditionnement de la fourniture ou du service à exécuter.

Les résultats de la visite de chaque usine, manufacture, atelier, chantier, etc., sont constatés par un certificat de vérification qui est communiqué sur les lieux mêmes aux intéressés pour être signé par eux et recevoir les observations qu'ils jugeraient devoir faire.

Ces certificats de vérification sont transmis au membre technique de la commission d'admission, qui les annexe au dossier des candidats.

Art. 30.

Composition de la commission d'admission.

La commission d'admission est composée ainsi qu'il est dit à l'article 3 pour la commission d'adjudication ; toutefois, elle ne comprend un fonctionnaire de l'intendance que si celui-ci est membre technique, le troisième membre étant, dans tous les cas, un officier de la garnison désigné par le commandant d'armes.

La présidence appartient au maire ou à son délégué.

---

(1) Il convient de ne demander aux greffes des tribunaux de commerce que des renseignements officieux, n'exigeant aucune recherche ou compulsion de pièces.

(2) Les frais occasionnés par la production de ce bulletin sont supportés par l'administration.

La commission peut fonctionner valablement si elle est réduite à deux membres, mais la présence du membre technique est toujours nécessaire. En l'absence du maire ou de son délégué, la présidence appartient à l'officier ou fonctionnaire du rang le plus élevé.

Art. 31.

Rôle de la commission d'admission.

La commission d'admission délibère et statue définitivement sur l'admission des concurrents et de leurs cautions et, s'il y a lieu, sur le nombre des lots ou l'importance des fournitures, travaux. confections. etc., pouvant être confiés à chacun d'eux, suivant les moyens de production ou d'exécution dont il a justifié.

Le membre technique présente à la commission le répertoire des entrepreneurs et fournisseurs exclus des adjudications et marchés du Département de la guerre, et la commission écarte toute personne ou société figurant sur ce répertoire.

Toutes les pièces sur le vu desquelles la commission doit statuer sont examinées par chaque membre de la commission.

La commission est tenue, avant de statuer, d'entendre les concurrents dont l'exclusion lui paraît devoir être prononcée. Une convocation leur est adressée à cet effet par le membre technique. Si le candidat ne se présente pas au jour et à l'heure qui lui auront été indiqués, la commission passe outre et statue sans appel.

La commission se prononce aussi sur la reconnaissance des sociétés candidates comme sociétés d'ouvriers et sur leur admission, en cette qualité, à l'adjudication à intervenir. Dans le cas où le membre technique constaterait une irrégularité dans la décision prise par la commission, que cette décision soit favorable ou non à la société qui en a été l'objet, il devrait en rendre compte immédiatement au Ministre, pour que la décision prise puisse être, le cas échéant, réformée en temps utile (1).

Le résultat des opérations de la commission est constaté par un procès-verbal (2) qui contient, complètes et séparées, d'une part, la liste des admis, tant comme soumissionnaires que comme cautions, avec le nombre de lots, de places ou d'arrondissements de fournitures, etc, qui pourront leur être adjugés,

____

(1) Il résulte d'un arrêt du Conseil d'Etat du 19 juillet 1901 (société « La Laborieuse » contre le préfet du Gard) que les sociétés d'ouvriers. français ont le droit de faire appel à des commanditaires sans perdre pour cela le caractère de société ouvrière.

(2) Modèle n° 12 pour les adjudications de travaux du service du génie

et, d'autre part, la liste des non admis. Toutes les pièces présentées par les concurrents sont énumérées dans le procès-verbal, et mention est faite de leur examen par chaque membre de la commission.

Ces listes, dressées par ordre alphabétique, doivent être tenues secrètes.

Copie du procès-verbal des séances est adressée immédiatement après la clôture des opérations de la commission, directement au Ministre (Direction compétente), par le membre technique.

Art. 32.

Notification des décisions de la commission d'admission.

Les décisions de la commission d'admission sont notifiées aux intéressés, par le membre technique, dans les vingt-quatre heures qui suivent l'établissement de la liste d'admission, et au moins trois jours francs avant la séance d'adjudication.

Ces décisions n'énoncent pas les motifs d'acceptation ou de refus.

Si la caution personnelle n'a pas été agréée, le signataire de la déclaration d'intention de soumissionner peut, dans les trois jours qui suivent celui de la notification de la décision de la commission, présenter, dans les formes prévues à l'article 25, une nouvelle caution dont l'acceptation est soumise, avant le jour de l'adjudication, à la commission d'admission, réunie à cet effet.

.Le candidat est informé, immédiatement après la séance, de la décision intervenue, et si la nouvelle caution n'a pas été admise, il est prévenu qu'il devra constituer le cautionnement définitif déterminé pour les lots ou les fournitures dont il pourra être déclaré adjudicataire.

SECTION II.

OPÉRATIONS DE L'ADJUDICATION PROPREMENT DITE.

Art. 33.

Séance d'adjudication.

Toute personne ou société admise à concourir peut soumissionner pour le nombre de lots, de places ou d'arrondissements de fournitures qu'elle juge convenable ; mais elle ne sera déclarée adjudicataire que pour le nombre de lots, de places ou d'arrondissements de fourniture correspondant au maximum prévu dans le cahier des C. S. ou à celui que la commission d'admission a prévu pour chacune d'elles.

Les soumissions sont établies en simple expédition, sur des formules imprimées, lorsqu'il en a été envoyé par le membre technique aux candidats admis à concourir.

Les dispositions énumérées aux articles 3 et 7 à 23 inclus sont applicables aux adjudications restreintes, sauf que le dépôt des soumissions est précédé de la lecture faite à haute voix, par le président, de la liste des concurrents admis, et que la commission n'a pas à consulter le répertoire des entrepreneurs et fournisseurs exclus des adjudications et marchés du Département de la guerre, ni à statuer sur la reconnaissance des sociétés candidates comme sociétés ouvrières et sur leur admission, en cette qualité, à l'adjudication à intervenir.

Art. 34.

Constitution d'un cautionnement provisoire.

Lorsque les cahiers des C. S. et l'avis d'adjudication prévoient exceptionnellement la réalisation d'un cautionnement provisoire, ce cautionnement est constitué dans les formes prévues dans le titre V de la présente instruction.

Le récépissé de versement au Trésor est, soit joint à la soumission, soit remis en séance au président de la commission d'adjudication.

La production de ce récépissé est de rigueur et il ne peut y être suppléé par aucune remise de valeurs, en séance d'adjudication. Les récépissés sont rendus, à l'issue de la séance, à tous les soumissionnaires non déclarés adjudicataires, après avoir été revêtus de la mention suivante, signée par le président :

« M. N..., n'ayant pas été déclaré adjudicataire, a droit à la restitution de son cautionnement provisoire. »

Les récépissés des adjudicataires sont conservés à l'appui de leur marché jusqu'à la constitution du cautionnement définitif ou d'une caution personnelle solidaire.

Art. 35.

Insuccès d'une adjudication publique restreinte.
Concours consécutif.

Les dispositions de l'article 24 ci-dessus, relatif aux adjudications publiques simples, s'appliquent aux adjudications publiques restreintes.

Si les affiches et avis annonçant la première adjudication mentionnent qu'une nouvelle adjudication aura lieu éventuellement à une date déterminée, ces affiches et avis indiquent également le délai fixé pour l'envoi ou le dépôt des déclarations d'intention de soumissionner des candidats nouveaux et des pièces qui doivent y être jointes, ainsi que la date à laquelle se réunira la commission chargée de les examiner.

Les concurrents admis à la première adjudication pour certains lots sont admis d'office pour ces lots à la nouvelle adjudication.

S'il doit être ainsi procédé à une nouvelle adjudication, le président de la commission rappelle, à l'issue de la première, la date de la nouvelle et le délai fixé pour l'envoi ou le dépôt des nouvelles déclarations d'intention de soumissionner. Il indique les fournitures, travaux, transports qui feront l'objet de la nouvelle adjudication.

CHAPITRE IV.

Règles applicables aux adjudications provisoires.

Art. 36.

Cas d'adjudication provisoire. — Dépôt de nouvelles offres.

Lorsque, par application des dispositions du décret relatif aux adjudications et aux marchés passés au nom de l'Etat (1), le cahier des C. S. spécifie que des offres de rabais sur le prix d'une adjudication peuvent être reçues, la première adjudication est dite « adjudication provisoire », et il est procédé comme il suit :

Les offres de rabais ne peuvent être inférieures à 10 p. 100 sur les prix de l'adjudication provisoire.

Le délai pendant lequel peuvent être reçues ces offres est fixé par le cahier des C. S.

Elles peuvent être présentées par les personnes ayant pris part à l'adjudication provisoire et par toutes autres, sous la condition, pour ces dernières, de les appuyer de toutes les pièces et justifications exigées des premiers soumissionnaires.

Ces offres sont établies dans les formes prévues pour les soumissions ordinaires; elles sont remises ou adressées au président ou au membre technique de la commission d'adjudication, dans les conditions déterminées à l'article 15.

______

(1) Décret du 18 novembre 1882, article 16.

Les plis cachetés qui renferment les offres ne sont ouverts que dans la séance de réadjudication, dont la date a été fixée par le cahier des C. S.

Art. 37.

Séance de réadjudication à la suite d'offres de rabais sur les prix d'une adjudication provisoire.

Lorsque des offres de rabais ont été faites dans les conditions prévues à l'article 36, il est procédé à une réadjudication entre le premier adjudicataire et le ou les signataires de ces offres.

Le président de la commission d'adjudication, après dépouillement des nouvelles offres faites tant par l'adjudicataire provisoire que par ses concurrents, proclame le moins-disant adjudicataire définitif.

Dans le cas où les offres les plus avantageuses seraient égales, l'adjudicataire serait désigné par le tirage au sort, sauf les exceptions prévues à l'article 18 précédent, paragraphes 4° et 5°.

Pour les opérations que comporte ce mode spécial d'adjudication, on se conforme aux règles tracées dans les divers articles de la présente instruction qui sont applicables, ainsi qu'aux dispositions particulières du cahier des C. S. ou des instructions spéciales du Ministre.

Art. 38.

Procès-verbal de l'opération.

Le procès-verbal de la réadjudication est signé par l'adjudicataire, sa caution et les membres de la commission.

CHAPITRE V.

Adjudications sur concours d'échantillons et de prix.

Art. 39.

Prix limite. — Dépôt et examen des échantillons.

Dans les adjudications simples ou restreintes ordinaires, il n'est tenu compte pour le classement des soumissionnaires et la désignation de l'adjudicataire que de leurs offres de prix, abstraction faite de la qualité des matières, objets ou denrées qu'ils fourniront. Ils sont tenus seulement de fournir une qualité au moins égale à celle qui est fixée par les cahiers des C. C. ou des C. S. Dans ces adjudications, le prix-limite est également fixé, abstraction faite de la qualité.

Dans les adjudications sur concours d'échantillons et de prix, il est tenu compte pour le classement des soumissionnaires et la désignation de l'adjudicataire à la fois de leurs offres de prix et de la qualité des échantillons qu'ils ont présentés. Quant au prix-limite, il est en général fixé, comme dans les adjudications ordinaires, abstraction faite de la qualité. Toutefois, dans certains cas spéciaux (1), le prix-limite se rapporte à la valeur combinée du prix et de la qualité. Les cahiers des C. S. indiquent la valeur à laquelle se rapporte le prix-limite.

Dans les adjudications de cette nature, il est procédé ainsi qu'il suit :

Jusqu'à une date fixée par le cahier des C. S., les échantillons sont remis ou envoyés, soit à un établissement désigné, soit au membre technique, et il en est délivré ou adressé un récépissé au déposant.

La liste des personnes ayant déposé des échantillons est arrêtée, par le membre technique, au jour fixé comme délai de dépôt.

La commission d'adjudication se réunit pour procéder, avec l'aide de personnes compétentes, désignées à cet effet au cahier des C. S., à l'examen et aux épreuves des échantillons envoyés ; un coefficient est attribué, en raison de leur qualité relative, à chacun des échantillons réunissant les conditions d'admission.

Si les cahiers des C. C. ou des C. S. le spécifient, l'examen et les épreuves des échantillons sont effectués par une commission spéciale, et dont la composition est fixée par le cahier des C. S.

Dans tous les cas, l'opération est constatée par un procès-verbal que signent toutes les personnes y participant, et dont il est donné lecture à la séance ultérieure d'adjudication.

Les soumissions sont envoyées par pli recommandé ou remises en séance d'adjudication, dans les conditions prévues par l'article 15 de la présente instruction.

---

(1) Par exemple : fourniture de combustibles minéraux pour générateurs à vapeur, fourniture de crésol, etc...

Art. 40.

Séance d'adjudication.

Les concurrents dont les échantillons ont été admis prennent seuls part à l'adjudication. Les soumissions des candidats évincés, envoyées par la poste ou déposées en séance, leur sont réexpédiées ou remises sans qu'il en soit donné lecture en séance.

Les soumissions des concurrents admis, classées dans l'ordre de leur dépôt, sont ouvertes en séance par le président qui en donne lecture à haute voix.

Si le prix-limite a été fixé, abstraction faite de la qualité des échantillons, et ne se rapporte par suite qu'aux offres de prix, le président brise les cachets de la lettre close contenant le prix-limite, communique celui-ci aux membres de la commission, en rappelant qu'il doit rester secret, et déclare écartées toutes les soumissions contenant des offres supérieures à ce prix en indiquant les noms des auteurs de ces soumissions. Le classement des soumissions retenues est alors fait en combinant les prix stipulés (1) avec les coefficients attribués aux échantillons. Le soumissionnaire qui a fait les offres combinées les plus avantageuses pour l'Etat est déclaré adjudicataire.

Si le prix-limite se rapporte à la valeur combinée du prix et de la qualité, le président fait procéder d'abord au classement des soumissions en combinant les prix stipulés avec les coefficients attribués aux échantillons. Il donne lecture à haute voix de ce classement, puis il brise les cachets de la lettre close contenant le prix-limite, communique ce prix aux membres de la commission, en rappelant qu'il doit rester secret, et déclare adjudicataire le soumissionnaire qui a fait les offres combinées les plus avantageuses pour l'Etat, si ces offres combinées sont inférieures ou au plus égales au prix-limite.

Dans le cas de marché sur concours d'échantillons et de prix, l'enveloppe cachetée contenant le prix-limite porte, selon le cas, une des deux mentions suivantes : « Prix-limite arrêté, abstraction faite de la qualité des échantillons » ou « Prix-limite se rapportant à la valeur combinée du prix et de la qualité ».

A parité d'offres combinées, un second concours est ouvert entre les concurrents ayant fait des offres égales; s'ils refu-

---

(1) Pour apprécier quelle est la soumission la plus avantageuse, il peut être procédé comme suit : chaque prix est divisé par le coefficient attribué à chaque échantillon d'après sa valeur d'utilisation; le classement se fait d'après les résultats obtenus.

sent de formuler de nouvelles offres, ou bien si, en ayant fait, celles-ci se trouvent encore égales, le sort désigne l'adjudicataire, sauf les exceptions prévues à l'article 18, paragraphes 4° et 5°.

TITRE II

Marchés de gré à gré.

Art. 41.

Disposition générale.

Il peut être traité de gré à gré dans les cas prévus par le décret relatif aux adjudications et marchés passés au nom de l'Etat (1).

Tout marché de gré à gré rappelle l'article et le paragraphe dudit décret dont il est fait application.

Sont approuvés par les directeurs locaux, par délégation du Ministre, les marchés de gré à gré dont l'importance totale (2) est inférieure ou au plus égale à 20.000 francs.

Toutefois, en ce qui concerne les marchés de gré à gré passés par application du paragraphe 1° de l'article 18 du décret du 18 novembre 1882, le pouvoir d'approbation des directeurs locaux ne peut s'exercer pour la fourniture d'objets ou de matières déterminés ou pour l'exécution d'un même service que deux fois au cours de chaque année pour un même établissement.

Sont approuvés par le Ministre, ou en son nom par les directeurs de l'administration centrale, tous les autres marchés de gré à gré, savoir :

Par les directeurs de l'administration centrale, tous les marchés de gré à gré au sujet desquels il y a accord complet entre les divers organes de l'administration centrale chargés de les examiner, quelles qu'en soient l'importance et la durée ;

Par le Ministre, les marchés de gré à gré au sujet desquels un accord complet n'a pu s'établir entre les divers organes chargés de leur examen.

Les marchés de gré à gré passés par voie de concours sur projets font l'objet des dispositions spéciales indiquées à l'article 44 ci-après.

---

(1) Décret du 18 novembre 1882, article 18.
(2) Voir le paragraphe XI de l'avant-propos de la présente instruction.

L'approbation des marchés de gré à gré passés à la suite de « concours consécutifs » et des marchés de gré à gré passés à la suite d'une adjudication infructueuse, est soumise à des règles spéciales indiquées dans les articles 45 et 46 ci-après.

Les dispositions de l'article 20, relatives aux délais de notification de l'approbation, sont applicables aux marchés de gré à gré.

Art. 42.

Garanties à exiger des concurrents.

Toutes les garanties exigées des concurrents pour être admis aux adjudications peuvent l'être des personnes ou des sociétés avec lesquelles il doit être traité de gré à gré.

Les candidats et les mandataires des sociétés doivent justifier de leur qualité de Français ou, s'ils sont étrangers, d'une autorisation délivrée par l'autorité compétente.

Cependant, les marchés de gré à gré peuvent être passés, sans autorisation spéciale, avec les indigènes algériens en Algérie, avec les indigènes tunisiens en Tunisie et avec les indigènes marocains au Maroc, dans les conditions où ces indigènes sont admis aux adjudications publiques (voir art. 10 de la présente instruction).

Les mandataires des sociétés ne sont admis à traiter qu'autant qu'ils sont munis des pouvoirs nécessaires pour qu'ils puissent engager valablement les sociétés qu'ils représentent.

Art. 43.

Mode de passation des marchés de gré à gré.

Les marchés de gré à gré sont passés :

1° Soit sur un engagement souscrit à la suite du cahier des charges;

2° Soit sur une soumission établie par la personne ou le mandataire de la société qui se propose de traiter;

3° Soit par correspondance, suivant les usages du commerce.

Les marchés de gré à gré doivent être précédés d'un appel à la concurrence ; lorsqu'on croit devoir s'affranchir de cette règle, il y a lieu, en soumettant le marché à l'approbation du Ministre, de rendre compte des motifs de cette dérogation.

L'appel à la concurrence indique la date extrême à laquelle doivent parvenir les propositions des concurrents.

Le dépouillement des soumissions a lieu en l'absence des concurrents, et il ne peut être donné communication des prix soumissionnés. Les soumissionnaires dont les offres n'ont pas été acceptées sont prévenus que le marché n'a pu leur être attribué.

Un procès-verbal d'examen des soumissions établies par les divers concurrents est mis à l'appui du marché. Les soumissions elles-mêmes sont jointes à ce procès-verbal :

1° Lorsqu'il n'a pas été procédé au dépouillement par une commission d'achat ou un conseil d'établissement ;

2° Lorsque la comparaison des offres n'a pas été basée exclusivement sur les prix offerts.

Dans le cas où, nonobstant l'appel à la concurrence, il n'a été reçu d'offres que d'un seul soumissionnaire, le marché est accompagné d'une note rappelant les prix courants et les prix offerts antérieurement pour les mêmes fournitures.

La mention de l'approbation du marché est portée par l'autorité locale compétente : chef de service, conseil d'administration ou d'établissement, etc., etc. Elle rappelle, s'il y a lieu, l'autorisation donnée à cet égard par le Ministre et la date de celle-ci. Le marché est enregistré à la diligence de l'administration et aux frais du titulaire, au bureau de l'enregistrement de la circonscription dans laquelle réside l'autorité qui a porté la mention de l'approbation du marché.

Dès leur approbation. les originaux des marchés sont soumis à la formalité du timbre (1).

Art. 44.

Dispositions spéciales aux marchés de gré à gré passés par voie de concours sur projets.

Les marchés par voie de concours sur projets sont passés de gré à gré, par application du paragraphe 5 de l'article 18 du décret du 18 novembre 1882, à la suite d'un concours ouvert sur un programme dressé par l'administration. Le concours laisse aux concurrents le soin d'étudier et de présenter des propositions techniques, et porte tout à la fois sur le mérite de ces propositions, sur les conditions et les délais d'exécution et sur les prix consentis par les concurrents.

Pour l'ouverture du concours, le chef de service adresse aux personnes et sociétés (2) réunissant les conditions requises et

---

(1) Il ne doit être introduit dans les marchés aucune disposition autocopiée ou manuscrite, sur feuille intercalaire, collée ou cousue, et il ne peut y être apporté aucune addition ou rature sans que ces modifications aient été approuvées par les signataires des parties ayant préparé et passé le marché.

Quant aux surcharges, il ne doit en exister dans aucun cas.

(2) Si le chef de service ne connaît pas un nombre de spécialistes éprouvés suffisant pour que la concurrence soit assez large, il demande les indications nécessaires soit à d'autres chefs de service, soit à la section technique de son arme ou service, soit, à défaut, à la direction compétente au ministère de la guerre.

auxquelles il fait appel, le programme du concours, accompagné, s'il ne lui est incorporé, du cahier des charges spéciales et de tous croquis et indications utiles (1) les invitant en même temps à lui faire parvenir leurs propositions dans un délai fixé. Ces propositions doivent comprendre tout ce qui est nécessaire à leur examen détaillé (croquis d'ensemble et de détail, mémoire descriptif, devis énumératif et quantitatif, feuilles de calculs, etc.); les documents et indications à fournir par les concurrents peuvent être énumérés au programme de concours; une soumission est jointe.

Les propositions faites sont examinées, soit par les conseils d'établissement, soit par le chef de service, assisté, le cas échéant, d'un représentant de chacun des corps et services intéressés. La commission d'examen ainsi constituée peut demander tous éclaircissements utiles aux concurrents, qui les fournissent, soit par écrit, soit verbalement; après ce premier examen, elle écarte définitivement les projets qui ne lui paraissent pas acceptables; pour les autres, elle signale, s'il y a lieu, aux concurrents, les points qui ne donnent pas complète satisfaction au programme, en apportant le plus grand soin à ne pas s'immiscer dans les dispositions techniques à prendre pour atteindre le but proposé. Les projets et soumissions, modifiés par leurs auteurs sous leur responsabilité, sont renvoyés au chef de service dans le délai fixé par lui. Tous les projets retenus sont examinés de nouveau par la commission, qui, dans le procès-verbal d'examen, fait connaître son avis motivé sur chacun d'eux et établit leur classement en tenant compte des conditions techniques et économiques, des conditions d'exécution et des délais, s'ils ne sont pas imposés. Il est statué par les autorités auxquelles l'article 41 ci-dessus attribue le droit d'approbation.

Les projets des candidats dont les propositions n'ont pas été admises leur sont rendus; ces candidats ne peuvent exercer aucun recours contre la décision prise, ni réclamer aucune indemnité à quelque titre que ce soit. Il en est de même si aucune suite n'a été donnée au concours.

L'approbation du marché est réservée au Ministre toutes les fois qu'un seul candidat a pris part au concours et lorsque la commission a donné la préférence à un projet dont l'auteur n'est pas le moins-disant.

---

(1) Dans le cas où l'établissement de ces documents en un grand nombre d'exemplaires exigerait un travail matériel hors de proportion avec les moyens dont dispose le chef de service, ce dernier pourrait n'adresser tout d'abord aux candidats que les indications strictement nécessaires pour se rendre un compte suffisant des conditions du marché. Il ne ferait alors parvenir le complément d'indications qu'aux personnes qui lui en feraient la demande.

Dans ce cas, le procès-verbal doit faire ressortir que les conditions économiques sont acceptables.

Allocations de primes. — Quand le Ministre décide que des primes pourront être allouées, il donne au chef de service toutes instructions utiles sur l'importance de ces primes et sur la manière dont elles seront réparties entre les projets méritant d'être récompensés.

Une mention spéciale est faite à ce sujet au programme du concours.

Art. 45.

Dispositions spéciales aux marchés de gré à gré passés à la suite d'un concours consécutif.

En cas d'insuccès total ou partiel d'une adjudication publique simple ou restreinte, tant après un premier qu'un deuxième concours ouvert séance tenante, le président de la commission d'adjudication annonce, lorsqu'il y a lieu, qu'il est ouvert un concours consécutif (voir art. 24 et 35) et que, pour ce concours, le membre technique est autorisé à recevoir, dans le délai prévu par le cahier des charges spéciales, ou un délai qu'il fixe, s'il n'en a pas été prévu, les offres qui lui seront faites, soit par les personnes ayant pris part à l'adjudication, soit par toutes autres réunissant les conditions requises des précédents soumissionnaires. Il ajoute que ces offres doivent être écrites et signées par leurs auteurs ou par leurs fondés de pouvoir munis de procurations régulières, et remises sous pli cacheté. Ces offres engagent leurs signataires jusqu'à la décision qui sera prise.

Le membre technique fait connaître, s'il y a lieu, la date-limite d'envoi des nouvelles déclarations d'intention de soumissionner et des nouveaux échantillons. Il indique également le lieu où doivent être déposées les offres, le jour et l'heure auxquels expirera le délai pendant lequel il peut en recevoir et à l'expiration duquel il ouvrira les plis et comparera les offres déposées.

Exceptionnellement et par dérogation aux dispositions de l'article 43 de la présente instruction, les soumissionnaires sont admis à assister à ce dépouillement. Un procès-verbal d'examen des soumissions est dressé conformément aux prescriptions de l'article 43 ci-dessus.

Le membre technique accepte provisoirement les offres les plus avantageuses à l'Etat, s'il a été fixé un prix-limite et si les offres susvisées ne le dépassent pas. Si ces offres sont égales, la désignation de l'adjudicataire est faite par le tirage au sort, sauf les exceptions prévues à l'article 18, paragraphes 4° et 5°. Dans aucun cas il ne peut être fait de nouvelles offres.

L'approbation définitive est soumise aux mêmes règles que l'approbation des résultats de l'adjudication, règles exposées par l'article 20 de la présente instruction.

Art. 46.

Dispositions spéciales aux marchés de gré à gré passés à la suite d'une adjudication infructueuse ou d'un concours consécutif n'ayant pas donné de résultats.

En cas d'insuccès total ou partiel d'une adjudication et du concours consécutif, s'il en a été ouvert, le directeur du service peut, conformément aux articles 24 et 35 de la présente instruction, passer ou prescrire de passer un marché de gré à gré, sur les bases de l'adjudication et avec les mêmes pièces; toutefois, dans ce cas, le prix-limite peut être supprimé ou modifié par le Ministre.

Ce marché peut, soit être passé immédiatement avec le moins-disant, soit donner lieu à de nouvelles soumissions qui seront reçues dans un délai fixé par le directeur du service ou le membre technique, et qui peuvent émaner des personnes ayant pris part à l'adjudication et de toutes autres remplissant les conditions requises.

L'approbation du marché de gré à gré ainsi passé est soumise aux mêmes règles que celle des marchés passés après « concours consécutif » (règles tracées par l'article 45 ci-dessus), à condition qu'aucune modification n'ait été apportée aux documents régissant l'adjudication primitive. Si une modification quelconque a été apportée à ces documents, l'approbation est soumise aux mêmes règles que celle des marchés de gré à gré ordinaires.

TITRE III.

Marchés par conversion ou par transformation.

Art. 47.

Dispositions générales.

Les marchés peuvent comporter la livraison, à l'entrepreneur, de matières appartenant à l'État, dans les conditions prévues par l'article 48, paragraphes VIII et VIII *bis* de l'instruction sur la comptabilité des matières appartenant au Département de la guerre.

Les marchés de cette espèce sont dénommés « marchés par conversion ou par transformation ».

On réserve la qualification de marchés par conversion à ceux qui comportent la livraison, à l'entrepreneur, de vieilles matières, et celle de marchés par transformation à ceux qui prévoient la livraison de matières neuves à employer, dans l'état où elles se trouvent, à la confection des matières ou objets à fournir.

Les achats sur simple facture peuvent comporter également la livraison, aux fournisseurs, de matières appartenant à l'Etat, sous la réserve que la valeur des matières neuves à fournir ne dépasse pas le maximum fixé pour ces sortes d'achat.

C'est également d'après la valeur des matières neuves que s'exerce le droit d'approbation des marchés de gré à gré.

<h2 style="text-align:center">Art. 48.</h2>

Des marchés par conversion de vieilles matières.

Les marchés par conversion doivent toujours faire ressortir, d'une part, le prix des matières neuves, indépendamment de toute cession de vieilles matières, et, d'autre part, le prix des vieilles matières à convertir.

Les soumissions donnent les mêmes éléments et font ressortir, en outre, la soulte à payer, c'est-à-dire la différence entre le montant total des matières neuves et celui des vieilles matières.

Cette soulte doit toujours être positive, c'est-à-dire qu'en aucun cas la fourniture ne doit comporter un reversement d'argent par l'entrepreneur à l'Etat.

Dans le cas où, par suite des prix obtenus, cette condition ne serait pas remplie par un ou plusieurs soumissionnaires, la quantité des vieilles matières à délivrer devra être réduite ; mais les offres en prix des divers soumissionnaires restent acquises.

Cette réduction est susceptible d'entraîner un changement dans l'attribution de la fourniture, en raison des écarts relatifs entre les prix offerts, tant pour les matières neuves que pour les vieilles matières.

On devra donc, en pareil cas, établir un nouveau tableau de classement des soumissions déposées ; mais, au lieu de fixer d'avance la quantité de vieilles matières à rétrocéder et de déduire des offres faites la soulte à payer par chacun des soumissionnaires, il conviendra, au contraire, de déterminer d'abord la soulte que l'adjudicataire devra payer, et de déduire des prix faits par les divers soumissionnaires la quantité de vieilles matières à rétrocéder à chacun d'eux.

— 52 —

C'est cette quantité qui déterminera le nouvel ordre de classement.

Les opérations à effectuer par la commission d'adjudication sont les suivantes (1) :

1° *Détermination de la soulte à payer.* — Cette soulte est égale au centième, arrondi en francs, du montant total des matières neuves, évalué d'après le prix le plus bas offert pour celles-ci par les divers soumissionnaires.

2° *Calcul de la valeur des vieilles matières qu'il y aurait lieu de délivrer à chaque soumissionnaire.* — Cette valeur est égale à la différence entre le montant total des matières neuves, résultant des prix offerts par chacun d'eux, et la soulte uniforme déterminée comme il vient d'être dit.

3° *Calcul de la quantité de vieilles matières à délivrer à chaque soumissionnaire.* — Cette quantité s'obtient en divisant la valeur déterminée précédemment par le prix unitaire des vieilles matières offert par chaque soumissionnaire.

4° *Attribution de la fourniture* à celui des soumissionnaires pour lequel la quantité de vieilles matières, ainsi calculée, est la moins élevée. C'est cette quantité qui figurera au marché.

Avant de faire ces opérations, on devra vérifier les décomptes ayant servi à établir les soumissions et, en cas d'erreurs, faire, au préalable, les corrections indiquées dans la présente instruction (titre 1er. art. 17).

---

(1) *Exemple :* soit une fourniture de 9.000 kilogr. de matières neuves à effectuer par une conversion de 10.000 kilogr. de vieilles matières.

Deux soumissionnaires A et B ont fait les offres suivantes :

		fr.
A)	200 francs les 100 kilogr. pour les matières neuves, soit.	18.000
	195 francs les 100 kilogr. pour les vieilles matières, soit.	19.500
	d'où une soulte négative de..................	1.500
B)	160 francs les 100 kilogr. pour les matières neuves, soit.	14.400
	158 francs les 100 kilogr. pour les vieilles matières, soit.	15.800
	d'où une soulte négative de..............	1.400

1° La soulte à déterminer est le centième de 14.400 fr., soit. **144**

2° La valeur des vieilles matières à attribuer à chacun des soumissionnaires est :

Soumissionnaire A. . . .. 18.000 — 144 = 17.856 fr.
Soumissionnaire B. . . .. 14.400 — 144 = 14.256 fr.

3° La quantité de vieilles matières à délivrer à chaque soumissionnaire sera :

$$\text{Soumissionnaire A.} \quad \frac{17,856}{195} = 9.156 \text{ kilogr.}$$

$$\text{Soumissionnaire B.} \quad \frac{14,256}{158} = 9.022 \text{ kilogr.}$$

4° La fourniture sera adjugée au soumissionnaire B.

Art. 49.

Cautionnements spéciaux aux marchés par conversion de vieilles matières.

Les marchés par conversion doivent toujours prévoir le versement, par l'entrepreneur, d'un cautionnement égal à la valeur du maximum de la quantité des matières qui se trouvent entre ses mains.

La valeur de ces matières est calculée d'après le prix qui leur est assigné dans le marché. Ce cautionnement pécuniaire est indépendant des autres garanties qui peuvent être exigées de l'entrepreneur pour l'exécution de son marché. Il ne peut, dans aucun cas, être remplacé, ni par une caution personnelle solidaire, ni par une retenue sur les payements à faire à l'entrepreneur.

Dans les achats sur facture, par conversion de vieilles matières, les fournisseurs ne sont pas tenus de verser un cautionnement représentant la valeur des vieilles matières, mais ils ne peuvent prendre livraison de ces dernières qu'après avoir livré des matières neuves d'une valeur au moins égale à celle des matières à convertir.

Cette clause doit être mentionnée expressément dans la lettre de commande adressée aux fournisseurs.

Art. 50.

Justification des prix de cession des vieilles matières.

Le titre IV de la présente instruction détermine les mesures à prendre pour éviter toute dépréciation injustifiée des matières à aliéner, lorsque les marchés donnent lieu à une adjudication publique.

Pour permettre au Ministre de s'assurer que les conditions insérées dans les marchés de gré à gré par conversion sont conformes aux intérêts de l'Etat, ces marchés doivent être accompagnés d'un rapport spécial auquel est joint un tableau, du modèle déterminé par le titre IV précité de la présente instruction (art. 59), tableau établissant, dans les conditions fixées par ce titre, que la soulte consentie ne dépasse pas la limite admissible.

Le 31 janvier de chaque année, les établissements et services adressent au Ministre un tableau du même modèle, faisant ressortir, pour l'année écoulée, les résultats des marchés et achats par conversion avec leurs observations et propositions, s'il y a lieu. Cet état n'est pas fourni s'il est néant.

Art. 51.

Mesures à prendre en cas de résiliation des marchés par conversion.

Dans le cas de résiliation d'un marché par conversion, la décision ministérielle prononçant cette résiliation indique le magasin de l'Etat dans lequel l'entrepreneur est tenu de remettre, à ses frais, les vieilles matières qui lui ont été délivrées.

Si ces vieilles matières ont déjà subi un commencement de transformation et ne peuvent être représentées dans l'état où elles se trouvaient lors de la délivrance, l'entrepreneur défaillant est tenu d'en verser au Trésor le montant, calculé au prix de son marché.

Faute par lui de satisfaire à cette obligation, la valeur des vieilles matières non représentées est retenue sur son cautionnement.

Art. 52.

Des marchés par transformation de matières neuves.

Les dispositions indiquées ci-dessus, relativement aux marchés par conversion de vieilles matières, sont applicables aux marchés par transformation de matières neuves.

Toutefois, les prix figurant au marché peuvent comporter, suivant le cas, soit un prix unique applicable à l'opération de transformation (prix de la façon), soit, comme pour les marchés par conversion de vieilles matières, des prix distincts pour les objets neufs ou matières neuves à confectionner et pour les matières délivrées aux entrepreneurs.

Pour certains marchés de transformation (confection d'effets d'habillement, d'effets de couchage, marchés de mouture), l'obligation de verser un cautionnement égal à la valeur du maximum de la quantité des matières ou objets délivrés à la fois à l'entrepreneur, constituerait une charge trop lourde pour celui-ci; en conséquence, les garanties imposées dans les marchés par transformation sont déterminées par les cahiers des C. C. ou des C. S., en tenant compte des conditions particulières du service; autant que l'exécution de celui-ci le permet, on se réfère, pour les fixer, aux principes exposés à l'article 49 ci-dessus.

TITRE IV.

Prix-limites.

Art. 53.

Définition du prix-limite; adjudications qui en comportent.

Le *prix-limite* est le prix au-dessus duquel l'Etat n'entend pas traiter pour un marché déterminé.

Ce prix peut être défini par un rabais ou une surenchère sur des prix de base fixés par les pièces du marché. Le prix-limite est ainsi. selon le cas, soit un prix maximum que l'on ne doit pas dépasser, soit un minimum de rabais ou un maximum de surenchère sur des prix de base rendus publics.

A moins d'impossibilité, toute adjudication publique donne lieu à la fixation de prix-limites.

Ces prix ne doivent jamais être connus du public. Leur établissement fait l'objet de comptes rendus des services locaux et, s'il s'agit de marchés concernant les troupes coloniales, du directeur de l'intendance du corps d'armée colonial.

Art. 54.

Etablissement provisoire des prix-limites.

Les prix-limites sont établis provisoirement par les directeurs locaux, qui les font connaître au Ministre au moyen de comptes rendus auxquels ils joignent un rapport relatant, avec tous les détails utiles, les motifs qui les ont conduits à adopter ces prix. Pour éviter toute indiscrétion, ils sont tenus d'établir *personnellement* tant leur compte rendu que le rapport justificatif. Les indications qu'ils fournissent sur les variations des cours et l'énoncé des prix-limites qu'ils ont arrêtés en conséquence doivent être *écrits de leur main.*

Les directeurs des établissements ou les chefs de service ne se dessaisissent du rapport et du tableau qu'après les avoir renfermés dans une enveloppe cachetée et signée par eux. Cette enveloppe est transmise directement au Ministre (Direction intéressée).

Art. 55.

Délai d'envoi des comptes rendus de prix-limites.

Les envois de comptes rendus de prix-limites sont faits de manière à parvenir au Ministre :

Pour les marchés de fournitures, six jours avant la date fixée pour l'adjudication ;

Pour les marchés de travaux, quinze jours avant cette date.

Art. 56.

Autorités qui arrêtent définitivement les prix-limites.

Les prix-limites sont arrêtés définitivement par le directeur du service intéressé de l'administration centrale, agissant par délégation du Ministre ou par le Ministre lui-même dans le cas de prescriptions spéciales particulières à certaines adjudications. Si ces autorités modifient les prix-limites arrêtés provisoirement par les directeurs locaux, les modifications sont notifiées aux services locaux au besoin par voie télégraphique et, dans ce dernier cas, dans la forme indiquée à l'article 57.

Si, au jour et à l'heure fixés pour l'adjudication, aucune modification n'a été notifiée au service local, le prix-limite provisoire devient définitif de ce seul fait. Toutes dispositions utiles sont prises à l'administration centrale pour éviter la divulgation des prix-limites.

Art. 57.

Modification des prix-limites par suite de variation des cours.

A partir de l'envoi du compte rendu, les directeurs locaux ne peuvent, sous aucun prétexte, changer de leur propre autorité les prix-limites provisoires. Mais en cas de baisse ou de hausse importante dans les cours pendant la période qui s'écoule entre l'envoi du compte rendu et le jour même de l'adjudication ou du concours consécutif, ils provoquent les modifications à faire subir aux prix-limites provisoires, en adressant directement, par la voie télégraphique, des propositions au Ministre.

Ils emploient la formule suivante :

Adjudication ou *concours consécutif* (objet, lieu et date de l'adjudication).

Proposition de modification aux prix-limites : augmenter (ou *réduire*) *de*..... (en toutes lettres).

S'ils ne reçoivent pas de réponse, les propositions de modifications sont considérées comme approuvées.

Le-prix-limite devant rester secret, le télégramme doit simplement faire ressortir une différence en plus ou en moins et ne contenir aucune indication pouvant permettre de connaître le chiffre réel fixé.

Art. 58.

Adjudications de marchés de fournitures ou de transports. Renseignements à consigner dans le tableau des comptes rendus de prix-limites.

Les comptes rendus de prix-limites sont consignés dans un tableau du modèle ci-après :

SERVICE D

Fourniture ou transport d

Lieu de l'adjudication :

Date :

NATURE des FOURNITURES ou des transports.	UNITÉ ADOPTÉE.	PRÉCÉDENTE ADJUDICATION.		Prix auquel la fourniture ou le transport a été adjugé.	VARIATION des cours commerciaux depuis la précédente adjudication. ∓	VARIATIONS diverses (∓)	SOMME destinée à parer aux aléas do l'adjudication.	PRIX-LIMITE provisoire.	OBSERVATIONS.
		Date.	Prix limite.	Prix moyen résultant des diverses soumissions						
1	2	3	4	5	6	7	8	9	10	11

Si l'adjudication la plus récente n'a pas donné de résultats, on indique sommairement, dans la colonne d'observations, les causes de l'insuccès total ou partiel (abstention des soumissionnaires, irrégularités ayant amené l'annulation des opérations, dépassement du prix-limite) et, le cas échéant, on porte, dans la colonne 6, le prix offert par le moins-disant.

Les nombres à porter dans la colonne 7 résultent de la comparaison des cours commerciaux dans la région à l'époque de la précédente adjudication et à l'époque où le compte rendu est adressé. Le rapport indique à quelle source ce renseignement a été puisé.

On peut, pour l'obtenir, s'adresser aux chambres de commerce, aux chambres syndicales, aux chambres consultatives des arts et manufactures, etc.

Les nombres portés dans la colonne 8, qui doivent être justifiés dans le rapport, résultent des circonstances particulières qui peuvent différencier les conditions de la précédente adjudication de celles auxquelles se rapportent les comptes rendus, telles que variations résultant des cours pour les marchés à terme, différences des prix de transport, conditions de réception plus ou moins sévères, tendance à la hausse ou à la baisse, etc...

Les nombres à porter dans la colonne 9 doivent être, au plus, égaux à la différence des nombres des colonnes 5 et 6 si ces nombres sont différents et ne peuvent en tout état de cause dépasser la différence des nombres des colonnes 4 et 6 (prix-limite antérieur) et prix auquel la fourniture ou le transport a été adjugé) : ils sont destinés à tenir compte de l'abstention éventuelle de quelques fournisseurs, abstention qui peut avoir pour effet de relever les prix sans qu'il y ait lieu de considérer que les intérêts de l'Etat en soient lésés.

Ce tableau est accompagné d'un rapport justificatif qui donne, le cas échéant, l'explication des différences existant entre les chiffres de la colonne 10 et la somme algébrique de ceux des colonnes 6, 7, 8 et 9. Il contient, en outre, l'indication succincte de tous les éléments qui ont servi au calcul des chiffres des colonnes 7, 8 et 9.

En ce qui concerne les adjudications sur concours d'échantillons et de prix, le prix-limite peut se rapporter à la valeur combinée du prix et de la qualité (art. 39 de la présente instruction).

Pour les adjudications de combustibles minéraux pour générateurs à vapeur, le prix-limite doit porter, non pas sur le prix de 1.000 kilogrammes de charbon, mais « sur le prix de revient de 1.000 kilogrammes de vapeur »; cette indication est à faire figurer dans la colonne 2 du tableau ci-dessus.

D'autre part, dans ces sortes d'adjudications, le prix-limite n'est déterminé qu'après l'exécution des essais effectués en vue de l'appréciation de la valeur des échantillons, après l'essai de vaporisation dans le cas des combustibles minéraux pour générateurs à vapeur. Le résultat moyen de ces essais doit, en effet, être pris en considération pour la fixation du prix-limite.

Dans le cas de marchés de fournitures comportant non un prix de base, mais un détail estimatif de la fourniture inséré au cahier des C. S., les prix-limites peuvent être présentés sous forme d'un prix à forfait ou d'un rabais ou d'une surenchère, suivant ce qui aura été décidé pour le modèle de soumission joint audit cahier.

Art. 59.

Adjudication de marchés de fournitures par conversion : Détermination de la soulte-limite.

L'opération par conversion la plus avantageuse est celle qui. moyennant la plus faible soulte, permet d'obtenir une quantité déterminée de matières neuves en échange d'une quantité également déterminée de vieilles matières. Les directeurs ou chefs de service doivent non seulement attribuer aux deux catégories de matières leur valeur exacte, mais, en outre, s'efforcer d'obtenir que la soulte consentie dans les marchés par conversion ne dépasse pas une certaine limite au delà de laquelle l'opération deviendrait onéreuse.

La détermination de cette soulte-limite se fait en appliquant respectivement aux matières neuves et aux vieilles matières figurant aux marchés les prix obtenus dans le ou les plus récents marchés qui comportaient des matières similaires, prix diminués ou augmentés pour tenir compte de la variation des cours commerciaux depuis l'époque correspondante. Des circonstances particulières, telles que l'état plus ou moins défectueux de conservation des vieilles matières, peuvent, en outre, être prises en considération pour modifier les prix ainsi calculés et arrêter ceux qui doivent servir de base au calcul de la soulte-limite.

Les services locaux possèdent seuls les éléments d'appréciation suffisants pour déterminer en toute connaissance de cause, ces prix de base, en particulier celui des vieilles matières.

Pour permettre à l'administration centrale de s'assurer que les conditions insérées dans les marchés par conversion sont conformes aux intérêts de l'Etat, ces marchés doivent être accompagnés d'un rapport spécial auquel sera joint un tableau, du modèle ci-après, établissant que la soulte consentie ne dépasse pas la limite admissible

Ce tableau, qui fait ressortir les prix de base ayant servi au calcul de la soulte-limite, est suivi de toutes les explications nécessaires pour justifier la manière dont ces prix de base ont été déterminés.

SERVICE D

Fourniture d

Lieu de l'adjudication :

Date :

DÉSIGNATION des MATIÈRES.	PRIX du dernier marché.	VA-RIATION des cours.	VARIA-TIONS di-verses (1).	PRIX de base (2).	POIDS.	VALEUR d'esti-mation.	SOULTE-LIMITE (3).	OBSER-VATIONS
1	2	3	4	5	6	7	8	9
Matières neuves..								
Vieilles matières.								
Matières neuves..								
Vieilles matières.								

(1) Variations diverses doit s'entendre :

1° Pour le métal neuf, par les conditions de réception spéciale, par la tendance à la hausse, à la baisse etc.;

2° Pour les vieilles matières, par l'état plus ou moins défectueux de leur conservation, par le poids et le volume des éléments entrant dans leur composition.

(2) Les nombres de la colonne 5 sont la somme algébrique des nombres des colonnes 2, 3 et 4.

(3) Différence des nombres de la colonne 7 relatifs; l'un aux matières neuves, l'autre aux vieilles matières

Art. 60.

Adjudications de marchés de travaux : Règles concernant les prix-limites des différentes espèces de marchés de travaux.

Il y a lieu de distinguer :

Les marchés de travaux d'entretien ;

Les marchés de vidanges ;

Les marchés passés sur devis ou sur série de prix, et autres que ceux d'entretien ou de vidanges ;

Les marchés à forfait.

§ 1er. *Marchés de travaux d'entretien.* — Le renouvellement de ces marchés comporte réglementairement une revision détaillée des prix d'autant plus importante que les prix de la série d'entretien sont appelés à servir de base aux autres marchés de construction d'une même place.

Dans ces conditions, la nouvelle série des prix doit reproduire purement et simplement les prix courants en usage dans la place, de telle sorte que cette série n'est, en principe, au moment de son établissement, susceptible ni de rabais, ni de surenchère.

Mais l'élaboration et l'examen des marchés de l'espèce nécessitant généralement, en raison de leur importance, un délai qui peut atteindre plusieurs mois, les prix calculés lors de la rédaction du travail préparatoire peuvent ne plus être, au moment de l'adjudication, en harmonie avec les prix réels. Il peut donc être nécessaire de corriger les variations survenues dans l'intervalle au moyen d'un rabais (ou d'une surenchère) limite, arrêté à une date aussi rapprochée que possible de celle de l'adjudication.

Les comptes rendus concernant le rabais (ou la surenchère) limite sont consignés dans un tableau du modèle ci-dessous.

SERVICE D

Place ou établissement :

Nature du marché :

Lieu de l'adjudication :

Date :

NATURE DES TRAVAUX.	DATE à laquelle a été arrêtée en projet la série des prix du marché.	MAJORATIONS (ou RÉDUCTIONS) A PRÉVOIR par suite de la variation des prix			RABAIS (ou surenchère) LIMITE provisoire.	OBSERVA- TIONS.
		des fournitures.	des transports.	de la main-d'œuvre.		
1	2	3	4	5	6	7

Ce tableau est accompagné d'un rapport justificatif qui donne, le cas échéant, l'explication des différences existant entre les chiffres de la colonne 6 et la somme algébrique de ceux des colonnes 3, 4 et 5. Il contient, en outre, l'indication succincte de tous les éléments qui ont servi au calcul des chiffres des colonnes 3, 4 et 5.

§ 2. — *Marché de vidanges.* — L'établissement des prix-limites est soumis, pour ces marchés, aux mêmes règles que pour les marchés d'entretien.

§ 3. *Marchés passés sur devis ou sur série de prix et autres que ceux d'entretien et de vidanges.* — Pour les marchés de cette nature, le prix-limite est exprimé sous la forme d'un rabais (ou d'une surenchère) applicable à l'ensemble des prix unitaires de la série utilisée pour le marché. Ce rabais (ou cette surenchère) limite est calculé de manière à donner, pour le montant évalué de la masse des travaux, un chiffre sensiblement égal à celui qui serait obtenu en appliquant aux différents ouvrages les prix courants réels des fournitures et de la main-d'œuvre employées.

Eu égard à la possibilité de corriger ainsi, par un rabais (ou une surenchère) moyen, les écarts existant entre les prix courants réels et ceux de la série utilisée, il est fait usage, pour les marchés d'une même place, de la série de prix du marché des travaux d'entretien, sauf à insérer, dans une série annexe, les prix non prévus par cette série, dont il y aurait lieu de faire usage.

On comprend, le cas échéant, dans cette série annexe, les plus-values à ajouter aux quelques prix de la série du marché d'entretien qui présenteraient un écart trop marqué avec les cours du jour. Cette observation s'applique particulièrement au prix des ouvrages élémentaires qui figurent au devis pour une part importante.

La série de prix annexé peut, du reste, suivant son ampleur, être insérée dans le cahier des C. S. ou faire l'objet d'un document distinct.

Les comptes rendus concernant le rabais (ou la surenchère) limite sont consignés dans un tableau du modèle indiqué ci-dessus pour les marchés des travaux d'entretien, à cette seule différence près que la colonne 2 du tableau indique, au lieu et place de la date à laquelle a été arrêtée la série de prix des marchés, le rabais ou la surenchère du marché d'entretien.

Le rapport justificatif dont la production a été prescrite plus haut accompagne ce tableau.

§ 4. *Marchés à forfait.* — Pour ces marchés, le prix-limite est exprimé par le montant maximum susceptible d'être admis pour la masse des travaux.

Les comptes rendus sont présentés sous la même forme que pour les marchés d'entretien, avec cette différence que la colonne 2 indique le montant total des travaux, calculé d'après la série des prix du marché d'entretien, et que les chiffres des colonnes 3, 4 et 5 expriment les majorations ou réductions globales à faire subir au montant ainsi calculé.

Art. 61.

Prescriptions spéciales aux différents services de l'intendance et au service de santé.

Dans les services de l'intendance et de santé, les comptes rendus de prix-limites sont conformes au modèle ci-après.

En cas de réadjudication (à la suite d'un insuccès d'adjudication pour dépassement des prix-limites), il est indispensable que les nouveaux prix-limites soient fixés en tenant compte uniquement de l'ensemble des renseignements prévus par le règlement, *de manière que les exigences des fournisseurs ne puissent, en aucun cas, conduire à accepter des prix supérieurs aux cours commerciaux.*

NATURE des denrées ou fournitures.	UNITÉ adoptée.	PRÉCÉDENTE ADJUDICATION.						COURS COMMERCIAUX		VARIATIONS des cours commerciaux depuis la précédente adjudication. (+).	VARIATIONS DIVERSES (+).	SOMME destinée à parer aux aléas de l'adjudication.	PRIX-LIMITE fixé.
		Date.	Prix-limite.	Quantités		Prix moyen résultant des diverses soumissions.	Prix auquel la fourniture a été adjugée.						
				mises en adjudication.	adjugées.			à l'époque de la précédente adjudication.	actuels.				
1	2	3	4	5	6	7	8	9	10	11	12	13	14

Art. 62.

Mode d'envoi des comptes rendus de prix-limites.

Les comptes rendus de prix-limites, ainsi que le rapport justificatif, sont adressés sous double enveloppe ; le pli intérieur, cacheté, porte la mention « Très confidentiel ;   ° Direction » et une indication sommaire du contenu sous la forme suivante :

Compte rendu de prix-limite pour l'adjudication du

Fourniture de

(Désignation de l'établissement.)

Monsieur le Ministre de la guerre,
   ° *Direction.*
                    PARIS.

Un bordereau d'envoi mentionnant la date de l'adjudication et l'objet de la fourniture est placé dans l'enveloppe extérieure.

TITRE V.

Cautionnements.

Art. 63.

Nature des garanties exigées.

Les garanties exigées, le cas échéant, des soumissionnaires, pour être admis à prendre part aux adjudications, sont dites « cautionnements provisoires ». Ces garanties ne peuvent être que pécuniaires ; leur importance est indiquée dans les cahiers des C. S.

En principe, il n'est pas exigé de cautionnement provisoire dans les adjudications restreintes.

Les garanties pécuniaires exigées, le cas échéant, des titulaires des marchés, pour répondre de leurs engagements, sont dites « cautionnements définitifs ».

Un cautionnement définitif est exigé :

Marchès   3 *a)* Pour les marchés dont les titulaires ne sont pas des sociétés d'ouvriers français :

1° Lorsque le montant du marcl é dépasse 40.000 francs à l'intérieur et 10.000 francs en Algérie-Tunisie, ou que le montant total des lots obtenus par un même soumissionnaire dans une adjudication ou un marché divisé en lots dépasse cette somme;

2° Lorsqu'il s'agit de travaux ou de fournitures comportant un délai de garantie ou lorsque l'administration se réserve la faculté de rebuter dans un délai déterminé, après réception définitive, tout ou partie des objets fournis.

b) Pour les marchés dont les titulaires sont des sociétés d'ouvriers français :

Lorsque le montant du marché ou le montant total des lots dont une même société est titulaire excède 200.000 francs.

Le montant des cautionnements définitifs pour les marchés qui en comportent est fixé par les cahiers des C. S. Il est calculé à raison du dixième du montant du service à exécuter (1). Toutefois, il peut être abaissé jusqu'au vingtième de ce montant dans les marchés relatifs aux travaux de construction et les marchés par conversion. Dans ce dernier cas, le cautionnement définitif est indépendant de la garantie exigée pour la livraison des vieilles matières.

Lorsque des matières ou effets sont confiés aux entrepreneurs pour l'exécution des marchés, une garantie pécuniaire, qui peut être portée jusqu'au montant de la valeur de ces matières ou effets, est toujours exigée des titulaires des marchés, sauf lorsqu'il s'agit de sociétés d'ouvriers français si le montant du marché n'excède pas 200.000 francs.

,Art. 64.

Mode de réalisation.

Sauf dérogation insérée au cahier des C. S., le cautionnement définitif doit être versé à la Caisse des dépôts et consignations dans un délai de quinze jours, à dater de la notification de l'approbation du marché.

---

(1) Lorsque le cahier des charges prévoit que l'exécution du marché s'étendra sur plusieurs années et qu'il détermine le montant annuel du service à exécuter, c'est sur ce montant annuel qu'est basé le calcul du cautionnement. Dans tous les autres cas, il est basé sur le montant total du marché.

Si les matières faisant l'objet du marché sont définitivement reçues avant l'expiration de ce délai de quinze jours, le fournisseur est dispensé de verser le cautionnement définitif.

Lorsque les cahiers des C. C. ou des C. S. le spécifient, le cautionnement définitif peut être remplacé, au gré de l'intéressé, soit par une affectation hypothécaire (1), soit par une caution personnelle solidaire, soit par un dépôt de matières dans les magasins de l'Etat, soit par la retenue jusqu'au payement du solde d'une fraction du montant du marché égale au chiffre du cautionnement.

Toutefois, la faculté de remplacer le cautionnement définitif par une caution personnelle solidaire est de règle quand il s'agit d'adjudications restreintes ou de marchés de gré à gré rentrant dans les catégories visées à l'article 63 dans les alinéas a), paragraphe 1°, et b)?

Dans les adjudications simples, la caution personnelle solidaire peut d'ailleurs être admise sans revêtir un caractère exceptionnel lorsque le cahier des C. S. le prévoit.

La garantie exigée en cas de remise de matières ou effets à l'entrepreneur ne peut être que pécuniaire. Sa réalisation et son affectation sont soumises aux règles édictées pour les cautionnements définitifs.

La retenue du sixième ou du douzième, prévue dans le règlement sur la comptabilité des dépenses du Département de la guerre pour le cas de payement d'acomptes, ne peut jamais tenir lieu de cautionnement.

CHAPITRE Ier.

Garanties pécuniaires.

SECTION Ire.

RÈGLES COMMUNES AUX CAUTIONNEMENTS PROVISOIRES
ET AUX CAUTIONNEMENTS DÉFINITIFS.

Art. 65.

Versement des cautionnements à la Caisse des dépôts et consignations.

Tous les cautionnements sont versés :

A Paris, entre les mains du caissier général de la Caisse des dépôts et consignations;

____

(1) En Tunisie, les affectations hypothécaires ne sont pas admises.

Dans les départements, entre celles des préposés de ladite Caisse : trésoriers-payeurs généraux, receveurs particuliers ou percepteurs dans les chefs-lieux d'arrondissement dont les recettes particulières ont été supprimées;

En Algérie, entre les mains du trésorier général d'Alger, des payeurs principaux et des payeurs particuliers :

En Tunisie, entre celles du receveur général des finances tunisiennes et de ses représentants.

Art. 66.

Avis des adjudications et des marchés donnés à la Caisse des dépôts.

Pour tous les marchés passés par adjudication, et pour lesquels le cahier des C. S. prévoit la constitution d'un cautionnement provisoire ou définitif, on se conforme aux prescriptions de l'article 8 de la présente instruction, en ce qui concerne l'envoi des affiches à la Caisse des dépôts et consignations.

Pour les marchés, autres que ceux passés par adjudication, qui donnent lieu, cependant, à la constitution d'un cautionnement définitif, les chefs de service avisent, en temps utile, les préposés de la Caisse, de la nature ou de la quotité du cautionnement exigé.

Art. 67.

Différents modes de réalisation des garanties pécuniaires.

Les garanties pécuniaires peuvent consister, au choix des intéressés :

1° En numéraire;

2° En rentes sur l'Etat et valeurs du Trésor au porteur;

3° En rentes sur l'Etat nominatives ou mixtes.

Les valeurs du Trésor, transmissibles par voie d'endossement et endossées en blanc, sont considérées comme valeurs au porteur.

Art. 68.

Mode de calcul de la valeur des rentes et des titres affectés aux cautionnements.

La valeur en capital de rentes à affecter aux cautionnements est calculée :

Pour les cautionnements provisoires, au cours moyen du jour de la veille du dépôt;

Pour les cautionnements définitifs, au cours moyen du jour de l'approbation de l'adjudication :

Les bons du Trésor à l'échéance d'un an ou de moins d'un an sont acceptés pour le montant de leur valeur en capital et intérêts.

Les autres valeurs du Trésor sont calculées d'après le dernier cours publié au *Journal officiel*.

Art. 69.

Cautionnements en numéraire, en rentes ou en valeurs du Trésor au porteur.

Le versement est précédé d'une déclaration de consignation, à l'effet d'en spécifier l'objet et de déterminer la garantie que la somme versée assure, soit à l'État, soit à des tiers.

Si le cautionnement est en rentes ou en valeurs du Trésor au porteur, la partie versante doit indiquer dans sa déclaration que le cautionnement pourra être saisi, dans les conditions fixées par la loi ou par le cahier des C. C. G., les cahiers des C. C. ou des C. S., et qu'il autorise, à cet effet, la Caisse des dépôts et consignations à le réaliser, le cas échéant.

Le récépissé délivré au déposant fait mention, s'il y a lieu, de l'autorisation de réalisation prévue à l'alinéa précédent.

Ce récépissé forme titre contre la Caisse des dépôts et consignations, à la charge, par la partie versante, de le faire viser et séparer de son talon, à Paris, immédiatement, par les agents du contrôle.

Dans les départements :

Lorsqu'il s'agit d'un versement de numéraire, le visa du contrôle n'est pas exigé, mais le récépissé, pour être libératoire et former titre envers la Caisse des dépôts, doit être détaché d'une formule à talon;

Lorsqu'il s'agit d'une consignation de valeurs, le récépissé doit être visé à la préfecture ou à la sous-préfecture.

Il est remis, en outre, au déposant, une déclaration de versement, destinée au service local intéressé. Cette déclaration est exempte du timbre. Le préposé de la Caisse des dépôts y porte une mention explicative en déterminant la destination, de manière qu'elle ne puisse servir de justification à l'appui d'un payement fait ultérieurement au déposant.

Art. 70.

Cautionnements en rentes nominatives ou mixtes.

Lorsque le cautionnement est constitué en rente nominative ou mixte, indépendamment de la déclaration de consignation visée à l'article précédent, le titulaire de l'inscription doit souscrire, sur papier timbré, un acte, fait en double original, contenant déclaration d'affectation de la rente et donnant à la Caisse des dépôts et consignations un pouvoir irrévocable de l'aliéner, s'il y a lieu (modèle n° 15 ou 16).

L'un des originaux de l'acte est remis au déposant. Si le titulaire de la rente ne peut signer lui-même l'acte d'affectation, il constitue un mandataire à cet effet au moyen d'une procuration établie sur papier timbré (modèle n° 17).

Un récépissé est délivré au déposant, qui doit se conformer aux dispositions des trois derniers alinéas de l'article 69, pour que ce récépissé puisse servir de titre contre la Caisse des dépôts et consignations.

Art. 71.

Bailleurs de fonds. — Privilège du second ordre.

Les tiers qui fournissent les fonds ou les valeurs d'un cautionnement font constater leurs droits dans les déclarations de consignation. Le récépissé remis au déposant désigne, d'ailleurs, le propriétaire des deniers ou valeurs déposés. Il n'est, en aucun cas, délivré de certificats de privilège du second ordre.

A défaut de mention dans la déclaration de consignation, les tiers ayant fourni le cautionnement ne conservent leurs droits que si un acte contenant cession ou déclaration de propriété du numéraire ou des titres est signifié par voie extra-judiciaire au directeur général, lorsque le cautionnement a été consigné à Paris, au préposé de la Caisse des dépôts qui a reçu le cautionnement *dans tous les autres cas.*

Art. 72.

Modifications à la composition des cautionnements.

Après la réalisation d'un cautionnement, aucun changement ne peut être apporté à sa composition, sauf dans le cas où les rentes ou valeurs auraient donné lieu à un remboursement par le Trésor. La somme appelée au remboursement est alors encaissée par la Caisse des dépôts et consignations, et demeure affectée au cautionnement jusqu'à due concurrence, à moins que le cautionnement ne soit reconstitué en valeurs semblables.

Art. 73.

Oppositions sur les cautionnements.

Les oppositions sur les cautionnements en valeur pécuniaire doivent avoir lieu entre les mains du comptable qui les a reçus. Toutes autres oppositions sont nulles et non avenues.

SECTION II.

RÈGLES PARTICULIÈRES AUX CAUTIONNEMENTS PROVISOIRES.

Art. 74.

Versement des cautionnements provisoires (1).

Les cautionnements provisoires peuvent être versés :

Soit dans la caisse du préposé de la Caisse des dépôts et consignations de l'arrondissement du lieu de l'adjudication;

Soit dans un arrondissement autre que celui où aura lieu l'adjudication. Dans ce cas, le déposant doit présenter au préposé de la Caisse un extrait du cahier des C. S. ou un exemplaire de l'affiche.

Si le préposé de l'arrondissement du lieu de l'adjudication n'a pas reçu l'avis prévu à l'article 66, ou si le déposant ne produit pas l'une des pièces visées dans l'alinéa précédent, le cautionnement provisoire pourra être reçu, mais les indications relatives à ce cautionnement et à son objet seront insérées aux risques et périls des déposants, conformément à la déclaration par eux souscrite.

Art. 75.

Destination à donner aux récépissés et, le cas échéant, aux actes d'affectation.

Les concurrents aux adjudications joignent à leurs soumissions les récépissés qui leur ont été délivrés et, s'il y a lieu, l'un des doubles de l'acte d'affectation des rentes nominatives ou mixtes déposées en garantie.

---

(1) Pour les cautionnements provisoires, la déclaration de consignation est établie sur papier libre, par le déposant.

Art. 76.

Conservation des cautionnements provisoires.

Les cautionnements provisoires en numéraire ne produisent pas d'intérêts au profit des déposants.

Pour ceux qui sont constitués en rentes ou valeurs, la Caisse des dépôts ne se charge pas de l'encaissement de leurs arrérages ou intérêts.

Art. 77.

Restitution des cautionnements provisoires aux soumissionnaires.

Les cautionnements provisoires sont rendus aux soumissionnaires qui ne sont pas devenus adjudicataires, sur la présentation qu'ils font, au lieu où le versement a été opéré, du récépissé de dépôt, portant une mention par laquelle le *président* de la commission d'adjudication déclare que le soumissionnaire n'est pas adjudicataire.

A défaut de cette mention, la restitution ne peut être opérée qu'autant que la Direction générale de la Caisse des dépôts et consignations ou que le comptable qui a reçu le cautionnement aura été avisé officiellement du résultat de l'adjudication.

La restitution des cautionnements en numéraire a lieu immédiatement, sur la présentation du récépissé ; celle des titres et valeurs, dans les quatre jours de cette présentation.

Si les titres et valeurs ne sont pas réclamés dans les vingt jours qui suivent l'adjudication définitive, ils font l'objet d'une consignation et dans ce cas, le délai de restitution peut être porté à dix jours (délai de remboursement des consignations en valeurs).

Art. 78.

Restitution des cautionnements provisoires aux adjudicataires qui constituent un cautionnement définitif distinct.

Si l'adjudicataire n'emploie pas le cautionnement provisoire à la constitution du cautionnement définitif, le cautionnement provisoire ne peut être remboursé qu'après présentation du récépissé constatant la réalisation du cautionnement définitif où, le cas échéant, qu'après l'acceptation d'une caution personnelle solidaire ou, encore, la constitution de tout autre mode de garantie prévu par la présente instruction.

Art. 79.

Attribution à l'Etat des cautionnements provisoires lorsque l'adjudicataire ne réalise pas son cautionnement définitif.

Les cautionnements provisoires des soumissionnaires qui, déclarés adjudicataires, n'ont pas réalisé leurs cautionnements définitifs dans les délais fixés à l'article 64 ci-dessus, peuvent être acquis à l'Etat, sur les poursuites et diligences de l'agent judiciaire du Trésor public, lorsque le Ministre de la guerre a pris, à cet effet, une décision passée en force de chose jugée.

SECTION III.

RÈGLES PARTICULIÈRES AUX CAUTIONNEMENTS DÉFINITIFS.

Art. 80.

Constitution du cautionnement définitif. — Conversion du cautionnement provisoire.

Les soumissionnaires déclarés adjudicataires peuvent, soit constituer un cautionnement définitif distinct du cautionnement provisoire, soit le réaliser par la conversion de ce cautionnement provisoire.

Dans ce dernier cas, le chef du service remet contre reçu à l'adjudicataire le récépissé du cautionnement provisoire, après y avoir, suivant le cas, inscrit, au dos, l'une des mentions suivantes, savoir :

« A échanger contre un récépissé de cautionnement définitif de   francs », si le cautionnement est constitué en numéraire;

« A échanger contre un acte de cautionnement de   francs », si le cautionnement est constitué en rentes ou valeurs du Trésor;

« Le cautionnement définitif n'est que de   francs », dans le cas exceptionnel où le cautionnement provisoire est supérieur au cautionnement définitif.

Après remise de ce récépissé, par l'intéressé, au préposé de la Caisse des dépôts, il est procédé, dans les formes prescrites par les articles 69 et 70 (1), à la constitution du cautionnement définitif et, le cas échéant, au remboursement de la différence entre le cautionnement provisoire et le cautionnement définitif. Un nouveau récépissé est remis au déposant, ainsi qu'une déclaration de versement destinée au service local intéressé.

Art. 81.

Nécessité d'opérer la conversion sans retard.

La Caisse des dépôts et consignations n'allouant d'intérêts qu'au bout du soixante et unième jour qui suit la réalisation du cautionnement définitif en numéraire, les adjudicataires ont intérêt à opérer, sans retard, la conversion de leurs cautionnements provisoires en cautionnements définitifs.

Art. 82.

Intérêts des cautionnements définitifs en numéraire.

La Caisse des dépôts et consignations alloue aux cautionnements définitifs versés en numéraire les intérêts (2) que, d'après la loi, elle doit servir aux sommes consignées; ces sommes portent intérêt à partir du soixante et unième jour après celui du dépôt (3).

Les intérêts, réglés au 31 décembre de l'année précédente, sont payés chaque année aux titulaires et aux bailleurs de fonds des cautionnements, dans les dix jours qui suivent la réception, par la Direction générale ou ses préposés, d'une demande y relative.

Aucune portion d'intérêt, échue au cours de l'année, ne peut être payée, sauf en cas de remboursement intégral du cautionnement.

Les intérêts des cautionnements tombant sous l'application de l'article 2277 du Code civil, aux termes duquel les intérêts et tout ce qui est payable par année se prescrivent par cinq

---

(1) Les déclarations de consignation des cautionnements définitifs sont souscrites par les déposants sur un registre spécial de la Caisse des dépôts et consignations.

(2) Actuellement 2 p. 100 par an (loi du 26 juillet 1893, art. 60).

(3) Loi du 28 nivôse an XIII, art. 2.

ans, il n'est tenu compte aux ayants droit que des intérêts dus pour les cinq dernières années échues au 31 décembre précédent et des intérêts afférents à l'année courante, s'il s'agit d'un remboursement intégral.

Art. 83.

Cautionnements définitifs en rentes ou valeurs. — Payement des arrérages.

La Caisse des dépôts encaisse, aux échéances, les arrérages des rentes et valeurs du Trésor, déposées à titre de cautionnement définitif. Elle les tient à la disposition des déposants ou de leurs bailleurs de fonds, à partir du cinquième jour qui suit celui de l'échéance (1). Les payements sont effectués sans demande préalable, sur la présentation de la déclaration de versement, au dos de laquelle ils sont inscrits.

Art. 84.

Droit de garde.

La Caisse des dépôts perçoit, sur les valeurs consignées à titre de cautionnements définitifs, un droit de garde de 5 centimes par an pour 100 francs de la valeur du titre consigné.

La valeur servant à établir ce droit est déterminée par le cours moyen coté, à la Bourse de Paris, la veille du jour du dépôt. Le montant brut, ainsi calculé, est arrondi au multiple de 20 centimes le plus voisin, en plus ou en moins, de façon que le montant du droit, pour chaque trimestre, soit un multiple de 5 centimes.

Le montant du droit, pour la première année, est perçu au moment du dépôt ; il est, à partir de la deuxième année, liquidé par trimestre et recouvré en déduction des arrérages ; il doit, dans ce cas, être toujours perçu par 5 centimes ou multiple de 5 centimes.

Art. 85.

Cautionnement définitif constitué par la retenue du premier dixième ou du premier vingtième du montant des marchés.

Dans les marchés concernant une fourniture, un service ou un travail à effectuer en plusieurs livraisons ou en plusieurs

---

(1) Les arrérages produisent d'ailleurs des intérêts à partir du 61ᵉ jour de la date du récépissé de l'encaissement par le caissier général de la Caisse des dépôts.

périodes, et dont le montant est déterminé par lesdits marchés, le cautionnement peut être, si le titulaire y est autorisé, remplacé par la retenue du premier dixième du montant des marchés (ou du premier vingtième s'il s'agit de travaux de constructions ou de marchés par conversion). Cette retenue forme une garantie dont la restitution est assujettie aux règles applicables aux cautionnements en numéraire. Elle est indépendante de la retenue du sixième ou du douzième prévue dans le règlement sur la comptabilité des dépenses du Département de la guerre.

Ces dispositions sont applicables aux marchés ne comportant qu'une seule livraison ou période d'exécution et dont le montant ne dépasse pas 40.000 francs, mais dans lesquels est stipulé un délai de garantie.

Lorsque les entrepreneurs ou fournisseurs sont autorisés à remplacer le cautionnement définitif par le précompte ou la retenue du premier dixième ou du premier vingtième jusqu'au payement du solde, il est procédé ainsi qu'il suit :

S'il s'agit d'un marché ou d'une convention à exécuter dans le courant d'un trimestre ou d'un exercice et pour lequel il ne doit être établi qu'une facture, la retenue du dixième ou du vingtième est effectuée sur les premiers mandats d'acompte, et le solde restant à payer, y compris le dixième ou le vingtième retenu, est ordonnancé en fin de marché sur la production de la facture.

Si le marché ou la convention embrasse plusieurs exercices, ou s'il est produit une facture par trimestre, ou s'il est stipulé des délais de garantie ayant pour conséquence de faire chevaucher la période d'exécution du marché sur plusieurs exercices, on précompte, sur le premier mandat, le montant du premier dixième ou vingtième à retenir. Cette somme est versée à la Caisse des dépôts et consignations : il est établi à cet effet, outre le mandat d'acompte, un ordre de reversement à ladite Caisse mentionnant. d'une part, les nom, prénoms et adresse de l'entrepreneur ou du fournisseur; d'autre part, l'indication précise des travaux ou fournitures ayant fait l'objet du marché. Il est délivré à l'entrepreneur ou fournisseur, dans les formes prévues à l'article 69, un récépissé et une déclaration de versement destinée au service local intéressé.

La restitution des sommes ainsi versées a lieu dans les conditions prévues à l'article 90 ci-après.

CHAPITRE II.

Affectations hypothécaires.

Art. 86.

Formalités relatives aux cautionnements constitués en immeubles.

Les immeubles situés dans les divisions territoriales de l'intérieur et de l'Algérie peuvent être admis à titre de cautionnement définitif. Ils doivent être libres de tous privilèges et hypothèques et d'une valeur excédant d'un tiers le montant du cautionnement.

Dans le département de la Seine, l'acte de cautionnement est reçu par le notaire du ministère de la guerre qui donne aux titulaires ou à leurs cautions tous les renseignements qui leur sont nécessaires.

Dans les autres départements, l'acte est reçu par un notaire au choix du titulaire ou de sa caution, sur la présentation d'une copie de la dépêche ministérielle donnant à l'entrepreneur ou au fournisseur l'autorisation de constituer en immeubles le cautionnement auquel il est assujetti.

L'acte de cautionnement est dressé sur le vu des titres de propriété et de toutes les pièces justificatives à l'appui; la grosse de cet acte est adressée ensuite avec les titres et les pièces ci-dessus énoncées au préfet du département où sont situés les biens, pour être soumise à l'examen du conseil de préfecture.

Le préfet requiert, s'il y a lieu, la prise d'inscription hypothécaire au profit de l'Etat; puis il transmet au Ministre de la guerre (direction compétente) avec le procès-verbal **de la** délibération du conseil de préfecture, l'acte de cautionnement appuyé des pièces qui lui ont été produites, ainsi que le bordereau de l'inscription prise et un certificat délivré postérieurement à la date de cette inscription, constatant la situation hypothécaire des immeubles.

Le cautionnement n'est définitivement constitué qu'après que le Ministre en a prononcé l'acceptation.

CHAPITRE III.

Caution personnelle solidaire.

***

Art. 87.

Acceptation et obligations de la caution personnelle solidaire.

Le cautionnement personnel est celui par lequel un tiers se porte garant des obligations du titulaire d'un marché sans qu'il y ait affectation d'un gage.

La caution personnelle, lorsqu'il en est exigé une, est engagée solidairement avec l'entrepreneur. Elle est tenue d'assurer le service dans les conditions imposées par le cahier des clauses et conditions générales, par les cahiers des charges communes et spéciales et par leurs annexes, dans le cas où, par suite d'inexécution ou de défaillance de l'entrepreneur, elle est mise en demeure de le faire.

Elle est alors substituée à l'entrepreneur et devient, vis-à-vis de l'administration, l'entrepreneur principal; les payements sont faits à son nom pour les fournitures qu'elle effectue; l'entrepreneur primitif reste néanmoins tenu pécuniairement à toutes les obligations résultant du marché.

Lorsque l'entrepreneur mis en état de liquidation judiciaire continue l'exécution de son marché, la caution reste engagée pour l'exécution du service.

Il en est de même jusqu'à l'expiration du marché si les héritiers, en cas de décès de l'entrepreneur, ou les créanciers, en cas de faillite, sont autorisés à prendre le marché à leur nom, à moins qu'ils ne préfèrent présenter une nouvelle caution, que l'administration demeure libre de refuser, en remplacement de la première.

En cas de décès, de faillite ou de mise en état de liquidation judiciaire de la caution, l'entrepreneur doit en informer l'administration de la guerre dans un délai de huit jours et, soit présenter à son acceptation une nouvelle caution, soit réaliser le cautionnement pécuniaire prévu dans le cahier des C. S.

La caution personnelle d'une société en nom collectif ne peut être l'un des associés; celle d'une société en commandite ne peut être l'un des commandités; celle d'une société anonyme ne peut être ni son mandataire ni l'un des membres du conseil d'administration; celle d'une société d'ouvriers français ne peut ni être membre de la société, ni faire partie du conseil d'administration, ni être son mandataire.

CHAPITRE IV.

Dépôt de matières dans les magasins de l'Etat.

Art. 88.

Lorsque des dépôts de matières sont demandés aux titulaires des marchés, les cahiers des C. S. déterminent la nature, l'importance, le mode et les délais de constitution de ces garanties, ainsi que les conditions d'examen, de réception, d'ajournement, de rejet, de prélèvement, de remplacement, d'emploi, de payement, etc., des matières admises en cautionnement.

CHAPITRE V.

Saisie, remboursement, changement d'application des cautionnements définitifs.

Art. 89.

Saisie des cautionnements définitifs.

L'application des cautionnements définitifs à l'extinction des débets liquidés par le Ministre de la guerre a lieu aux poursuites et diligences de l'agent judiciaire du Trésor public en vertu d'une contrainte délivrée par le Ministre des finances.

En cas de saisie de la totalité du cautionnement ou d'une fraction telle que la moitié, le tiers, le quart, etc., les intérêts afférents à la fraction ou à l'intégralité saisie, et dus à partir de la décision attributive, sont acquis au Trésor ; les intérêts antérieurs restent dus au titulaire du cautionnement ou à són bailleur de fonds.

Il en est autrement dans le cas de saisie d'une somme fixe, prélevée sur le cautionnement, les intérêts de cette somme restent dus au propriétaire du cautionnement.

Art. 90.

Remboursement et restitution des cautionnements définitifs.

a) *Autorisations de remboursement et justifications de qualités.* — Les cautionnements définitifs ne peuvent être restitués, en totalité ou en partie, qu'en vertu d'une mainlevée donnée par le Ministre de la guerre ou son délégué. Les ordonnateurs secondaires chargés de l'ordonnancement des sommes dues à l'entrepreneur sont délégués de droit du Ministre pour donner mainlevée de son cautionnement définitif lorsque celui-ci est constitué en numéraire, en rentes sur l'Etat ou en valeurs du Trésor.

Cette mainlevée n'est donnée qu'à la fin du marché, lorsque l'entrepreneur ou le fournisseur a été reconnu quitte et libéré de toutes ses obligations. Toutefois, dans certains cas, déterminés par les cahiers des C. S., le remboursement partiel du cautionnement peut être autorisé en cours d'entreprise.

Il en est ainsi, en particulier, dans les marchés par conversion, pour les cautionnements exigés des fournisseurs en garantie de la valeur des vieilles matières qui leur sont livrées

Dès qu'une retenue a été effectuée pour le remboursement de la valeur de ces vieilles matières, sur le montant d'une livraison, il peut être donné mainlevée d'une fraction du cautionnement correspondant aux $5/6^{es}$ de la valeur des vieilles matières employées dans les objets neufs compris dans la livraison.

Cette disposition n'est pas applicable lorsque la livraison des vieilles matières est fractionnée et que l'importance du cautionnement a été réduite en conséquence.

L'obligation imposée aux entrepreneurs ou fournisseurs, comme conséquence du décret du 12 décembre 1806, d'attendre un délai de six mois après l'exécution du service pour obtenir mainlevée de leurs cautionnements, ne s'applique qu'aux marchés ayant pour objet des quantités indéterminées, comme les marchés à la ration; ce délai n'est pas opposé dans les autres cas.

Lorsque les mainlevées sont données par le Ministre, elles sont envoyées directement à la direction générale de la Caisse des dépôts et consignations ou au comptable qui a reçu le cautionnement. Lorsqu'elles sont données par un ordonnateur secondaire résidant dans un département autre que celui de la Seine, elles reçoivent la même destination; mais l'ordonnateur les fait parvenir par l'intermédiaire du comptable du Trésor préposé de la Caisse des dépôts et consignations dans le département de sa résidence.

Quant aux mainlevées délivrées par les ordonnateurs en résidence dans le département de la Seine, elles sont adressées directement par leurs soins au directeur général de la Caisse des dépôts et consignations pour être transmises, s'il y a lieu, au comptable qui a reçu le cautionnement; la signature de ces ordonnateurs secondaires est accréditée à cet effet auprès du directeur général de la Caisse des dépôts et consignations, dans les conditions et par les autorités indiquées à l'article III du règlement du 3 avril 1869 sur la comptabilité des dépenses du Département de la guerre.

La personne, au nom de laquelle les fonds ou les valeurs constituant le cautionnement ont été versés, adresse à la Direction générale ou au comptable qui a reçu le cautionnement, une demande de retrait sur papier timbré ; elle y joint le récépissé, et, s'il y a lieu, la déclaration au moyen de laquelle étaient touchés les arrérages du cautionnement.

Indépendamment des pièces ci-dessus indiquées, les demandeurs doivent fournir toutes les pièces nécessaires pour établir les qualités, telles que : actes de société, certificats de propriété, mainlevées ou concours de créanciers ayant formé des oppositions régulières.

Les fonds ou les valeurs sont remis, si la mainlevée a d'ailleurs été transmise à qui de droit, dans les dix jours de la réception de la demande, avec pièces à l'appui s'il y a lieu, soit à la partie intéressée, soit à son fondé de pouvoir. Les procurations peuvent être sous seing privé, mais la signature du mandant doit être légalisée par le maire et celle du maire par le préfet ou le sous-préfet.

b) *Lieu de remboursement.* — La remise des fonds ou valeurs est effectuée en principe à la caisse à laquelle a été reçu le cautionnement. Cependant, sur la demande expresse des ayants droit, cette remise peut être faite à une autre caisse, mais la demande et les pièces justificatives doivent toujours être adressées au lieu de versement du cautionnement.

c) *Radiation des inscriptions hypothécaires.* — La radiation des inscriptions hypothécaires constitutives des cautionnements en immeubles s'opère en vertu d'un arrêté du préfet du département dans lequel se trouvent les immeubles hypothéqués, mentionnant la décision du Ministre de la guerre donnant mainlevée du cautionnement.

Art. 91

Changement d'affectation des cautionnements définitifs.

Lorsqu'une fourniture ou une entreprise est terminée et que les comptes sont apurés, le cautionnement, s'il n'a pas été restitué, soit en raison des délais de garantie stipulés au profit de l'Etat, soit pour tout autre motif, peut, sur l'autorisation expresse du Ministre ou de son délégué, recevoir une nouvelle application. Lorsqu'il s'agit de marchés ayant pour objet la fourniture de quantités indéterminées comme les marchés à la ration, les cautionnements ne peuvent recevoir une nouvelle affectation qu'après que le délai de six mois, accordé par le décret du 12 décembre 1806 aux créanciers éventuels du service pour faire leurs actes conservatoires, sera expiré ou qu'il sera justifié que, dans l'exécution du marché ou de la fourniture, il n'y a eu aucune intervention du tiers.

Aucune réaffectation ne peut être autorisée qu'en faveur des titulaires d'un marché expiré qui se rendront adjudicataires d'un service de même nature dans le même arrondissement.

Cette opération s'effectue :

Pour les cautionnements en numéraire, sur l'avis direct du Ministre ou de son délégué, adressé au consignataire et au moyen d'une nouvelle déclaration indiquant la nature, l'étendue et la durée du nouveau service que l'ancien cautionnement est destiné à garantir, et spécifiant que la somme consignée à titre de cautionnement du marché originaire est de plus affectée à celui du nouveau service.

La réaffectation est constatée par une copie de la déclaration ci-dessus mentionnée, certifiée par le consignataire, laquelle doit parvenir immédiatement par la voie hiérarchique, au Ministre de la guerre ou à son délégué.

Si le cautionnement appartient à un tiers bailleur de fonds, celui-ci doit intervenir dans la nouvelle déclaration.

Si le titulaire désire opérer une nouvelle affectation de son cautionnement libéré sans se présenter à la caisse du comptable intéressé, et si les opérations à effectuer peuvent être opérées par le même préposé de la Caisse des dépôts, il adresse à l'ordonnateur une demande donnant toutes indications utiles au sujet du nouveau marché ou du service dont l'exécution régulière doit être garantie.

A cette demande doit être joint le récépissé primitivement délivré.

Ces pièces, accompagnées d'un certificat de main-levée, sont transmises par l'ordonnateur au préposé de la Caisse des dépôts et consignations qui mentionne sur le récépissé la nouvelle affectation de la somme déposée et le renvoie ensuite à l'intéressé avec une déclaration de nouvelle affectation de cautionnement.

Dès la réception de cette dernière pièce et au plus tard dans les cinq jours, le titulaire l'adresse au chef de service avec lequel il a passé le nouveau marché.

Si le cautionnement appartient à un tiers bailleur de fonds, celui-ci doit produire un consentement formel à l'appui de la demande de réaffectation :

Pour les cautionnements en rentes, au moyen d'un nouvel état d'affectation passé avec la Caisse des dépôts et consignations ou son proposé;

Pour les cautionnements en immeubles, par un nouvel acte notarié passé comme il est dit à l'article 86, après autorisation du Ministre, et dans lequel l'entrepreneur ou fournisseur ou sa caution, s'il y a lieu, doivent déclarer que les immeubles précédemment affectés n'ont pas diminué de valeur, et par une nouvelle inscription hypothécaire au profit de l'Etat. Cette dernière inscription n'est recevable qu'autant qu'elle est accompagnée d'un certificat du conservateur des hypothèques constatant qu'il n'a été pris aucune inscription postérieurement à celle qui constituait le précédent cautionnement.

La réaffectation n'est définitive qu'après que le Ministre a prononcé son acceptation.

Art. 92.

Dispositions relatives aux cautionnements non libérés ou qui se rattachent à des entreprises ou marchés dont les comptes ne sont pas apurés.

Quand un entrepreneur ou fournisseur est admis à réaliser tout ou partie de son cautionnement, au moyen du changement d'application *ultérieur* d'une garantie encore engagée, il doit :

S'il s'agit de numéraire, produire immédiatement une déclaration sur papier timbré, certifiant qu'il est propriétaire du cautionnement qui garantit le marché en cours d'exécution ou l'entreprise dont les comptes ne sont pas apurés, et par laquelle il s'engage à le réaffecter à son nouveau service dès qu'il en sera requis;

Si la garantie appartient en tout ou en partie à un bailleur de fonds, celui-ci doit consentir au changement d'application par une déclaration dûment légalisée. Ce titre est adressé au Ministre de la guerre ou à son délégué en même temps que l'engagement de réaffectation souscrit par l'entrepreneur.

Lorsque l'ancienne garantie est constituée en rentes sur l'Etat ou en valeurs du Trésor, elle peut être affectée immédiatement et par extension au nouveau service au moyen d'un nouvel acte passé avec le directeur général de la Caisse des dépôts et consignations ou les préposés de ladite caisse.

Lorsque l'ancienne garantie est constituée en immeubles, elle peut être immédiatement et par extension affectée au nouveau service au moyen d'un nouvel acte passé dans les formes et conditions prévues à l'article 86.

Dans tous les cas, le nouveau cautionnement n'est définitivement constitué qu'après que la mainlevée de l'ancien a pu être donnée.

L'entrepreneur ou fournisseur doit en outre faire agréer par qui de droit une caution personnelle qui s'engage à répondre solidairement avec lui d'une somme égale au cautionnement fixé par le nouveau marché, jusqu'à ce que la précédente garantie puisse être affectée au nouveau service, ou jusqu'à ce que l'entrepreneur ait régulièrement constitué un autre cautionnement de même valeur ; l'engagement de la caution, conforme au modèle n° 18, est transmis au Ministre de la guerre ou à son délégué.

Si le nouveau cautionnement est supérieur à l'ancien, l'entrepreneur est tenu, dans tous les cas, de verser immédiatement la différence.

TITRE VI.

Timbre et enregistrement.

Art. 93.

Obligation de l'enregistrement ; renseignements à fournir sur les mandats délivrés pour le payement de fournitures et de travaux en vertu de marchés ou d'adjudications. — Remboursement des droits.

Tous les marchés, quelle que soit la forme sous laquelle ils sont passés, même celle de la simple correspondance commerciale, doivent être obligatoirement enregistrés. Quant aux achats sur simple facture effectués en exécution des dispositions de l'article 22 du décret du 18 novembre 1882 (modifié par décret du 23 août 1919), ils ne sont pas assujettis à la formalité de l'enregistrement.

Les ordonnateurs veillent à ce que les renseignements suivants soient toujours portés sur les pièces de dépenses ou sur les marché :

La date de la passation des marchés et celle des procès-verbaux d'adjudication (et non la date de l'approbation ministérielle) ;

La date de l'enregistrement ;

Le nom du bureau où l'enregistrement a eu lieu;

L'objet des marchés et adjudications ;

Le nom du fonctionnaire ou officier public qui a contracté le marché ;

Le nom et le domicile de l'adjudicataire ;

Le Ministre ou le Département qui a passé le marché ;

Les sommes prévues par les marchés ou procès-verbaux d'adjudication pour la fixation des droits d'enregistrement ;

Les sommes payées pendant le semestre et antérieurement, etc.

Le remboursement des droits d'enregistrement afférents aux marchés résiliés avant toute exécution ou à la partie exécutée des marchés peut être opéré sous la double condition que la résiliation ait lieu :

1° Sur l'initiative et dans l'intérêt de l'Etat;

2° Sans versement d'aucune indemnité au fournisseur à titre de remboursement des droits d'enregistrement payés sur le marché résilié.

Lorsque ces conditions sont remplies, les avenants de résiliation peuvent prévoir la restitution à l'entrepreneur ou fournisseur de la totalité ou d'une partie des droits perçus.

La clause à insérer à cet égard doit être libellée ainsi :

« La présente résiliation ayant lieu sur l'initiative et dans l'intérêt de l'Etat, sans aucune indemnité, au profit de M....., pour droits d'enregistrement antérieurement payés, l'administration de l'enregistrement remboursera à M....., sur sa demande, les droits acquittés sur la convention résiliée (ou encore, suivant le cas, sur la partie résiliée du marché). »

Les demandes de remboursement doivent être adressées au directeur de l'enregistrement dans le département où l'acte a été enregistré avec toutes les pièces justificatives nécessaires, et notamment le certificat de l'autorité militaire constatant que la double condition indiquée ci-dessus se trouve remplie.

L'administration militaire ne doit, dans aucun cas, procéder elle-même à ce remboursement.

Art. 94

Perception des droits d'enregistrement exigibles sur les marchés de travaux publics exécutés au moyen de fonds de concours.

Alors que, d'après certains entrepreneurs, le droit d'enregistrement, établi pour les marchés de l'Etat, devait seul être perçu sur les marchés de travaux publics passés par les divers ministères et dont le montant doit être payé partie par l'Etat et partie par les départements et les communes, la Cour de cassation (chambre civile), par arrêt du 28 décembre 1892, a tranché la question dans un sens contraire.

Aucun doute ne peut donc exister. Toutefois, pour éviter toute hésitation, il convient d'insérer, dans les cahiers des C. S. des marchés de travaux militaires exécutés soit en totalité, soit en partie au moyen de fonds de concours fournis par les départements, communes, compagnies de chemins de fer, particuliers, syndicats, etc., la clause suivante :

« Les droits d'enregistrement seront entièrement à la charge des adjudicataires, ainsi, d'ailleurs, qu'il est stipulé au cahier des clauses et conditions générales, alors même que les droits à percevoir seraient calculés en tenant compte de ce que les travaux objet du présent marché doivent être payés en partie (ou en totalité) au moyen de fonds de concours fournis par la ville de   (ou département, etc.) et dont le montant s'élève à la somme de   . (Indiquer le montant de la partie des fonds de concours qui s'applique aux travaux). »

En outre, lors de l'envoi du travail préparatoire des adjudications, il convient de rappeler explicitement, dans le rapport transmissif, ou dans le mémoire de discussion, que les travaux doivent être exécutés en totalité ou en partie au moyen de fonds de concours, et d'indiquer le montant desdits fonds de concours.

Art. 95.

Timbre et enregistrement des marchés passés dans les pays de protectorat et dans les pays étrangers.

En Tunisie, les décrets beylicaux des 19 et 20 avril 1912 ont obligatoirement soumis aux droits de timbre et d'enregistrement tous les marchés administratifs passés dans la Régence. Conformément à la règle indiquée par l'article 7 du Cahier des C. C. G. du 15 octobre 1921 ou par l'article 19 du cahier des C. C. G. du

1er août 1921, les frais de timbre et d'enregistrement des marchés restent à la charge de ceux qui ont contracté avec l'Etat.

Pour les marchés passés dans les autres pays de protectorat ou à l'étranger, le timbre et l'enregistrement ne sont obligatoires qu'au moment de leur production ou de leur usage en justice. Les cahiers des C. S. applicables à ces marchés doivent contenir la clause suivante : « En cas de contestation, s'il y a lieu de faire timbrer et enregistrer le marché, le payement des droits de timbre et d'enregistrement est effectué par la partie requérante et les frais sont supportés définitivement par la partie condamnée. »

TITRE VII.

Mesures destinées à favoriser la production nationale.

Art. 96.

Les mesures prises pour favoriser l'agriculture et l'industrie nationales dans les adjudications et marchés du Département de la guerre sont les suivantes :

1° Les fournisseurs et entrepreneurs de nationalité étrangère ne sont admis à participer à une adjudication publique que s'ils obtiennent du Ministre de la guerre une autorisation spéciale de concourir.

En Algérie, le général commandant le 19e corps d'armée; en Tunisie, le général commandant la division d'occupation, et, au Maroc, le général commandant les troupes d'occupation, statuent par délégation du Ministre.

Les mêmes règles sont applicables aux marchés de gré à gré.

2° En principe, les produits français sont préférés aux produits étrangers. Toutefois, les produits étrangers ne sauraient être l'objet d'une exclusion absolue; en effet, certains produits n'existent pas en France ou ne s'y trouvent pas en quantités suffisantes; d'autre part, l'exclusion des produits étrangers pourrait être, dans certains cas, préjudiciable aux intérêts du Trésor; enfin, il est parfois très difficile de distinguer certains produits étrangers des produits français de même nature.

La règle à suivre est d'exiger la fourniture de produits français, toutes les fois qu'il n'y a pas impossibilité matérielle et que le privilège ainsi accordé à la production nationale ne doit pas être trop onéreux pour l'Etat. Dans ces conditions, il importe de statuer toujours. par des décisions spéciales, sur l'admission des produits étrangers. Cette admission est autorisée, pour chaque cas particulier, par le Ministre, sur la proposition du service intéressé, lequel doit tenir compte des ressources nationales et des cours respectifs des produits des diverses provenances.

Les produits des colonies françaises et des pays de protectorat français sont assimilés aux produits français, sauf décision contraire du Ministre.

TITRE VIII.

Conditions du travail.

CHAPITRE Ier.

Règles relatives à la métropole.

Art. 97.

Dispositions générales.

Il convient d'insérer, dans les cahiers des charges de tous les marchés de travaux et de certains marchés de fournitures, les conditions particulières, relatives à la main-d'œuvre, prévues au décret du 10 août 1899.

A cet effet, les services du Département de la guerre doivent se conformer aux indications qui suivent.

Art. 98.

Nature des marchés.

D'après l'article 1er, les dispositions du décret sont obligatoires pour tous les marchés de travaux publics ou de fournitures passés au nom de l'Etat en ce qui concerne la main-d'œuvre de ces travaux ou fournitures « dans les chantiers et ateliers organisés ou fonctionnant en vue de l'exécution du marché ».

Il convient de distinguer :

1º *Les marchés de travaux neufs.* — Les conditions du décret sont obligatoires pour tous les ouvriers employés sur des chantiers proprement dits; quant aux travaux que l'entrepreneur fait exécuter dans les ateliers lui appartenant ou chez des sous-traitants (ferronnerie, serrurerie, menuiserie, etc.), l'administration ne saurait intervenir efficacement que si ces ateliers ont été principalement organisés en vue de l'exécution du marché. Dans le cas contraire, il serait généralement impossible de distinguer la main-d'œuvre des travaux exécutés pour le compte de l'État de la main-d'œuvre des travaux de l'industrie privée, et les cahiers des charges devront, jusqu'à nouvel ordre, s'abstenir de prévoir des clauses relatives à la main-d'œuvre dans ces ateliers.

2° *Les marchés de travaux d'entretien.* — L'entrepreneur est habituellement un industriel de la localité ayant des ateliers où il travaille pour les particuliers. Il sera impossible d'exiger de lui l'application du décret dans ses ateliers, mais il devra s'y soumettre pour les ouvriers travaillant à l'intérieur du domaine militaire et pour le temps qu'ils y seront employés.

3° *Les marchés de fournitures.* — Le décret doit être appliqué, en principe, non seulement dans tous les marchés de travaux, mais aussi dans tous les marchés de fournitures exécutés pour le compte du Département de la guerre.

Mais, pour ces derniers, toute stipulation serait vaine si elle s'étendait à des objets, d'un usage courant dans l'industrie, qui n'auraient pas été spécialement fabriqués en vue du marché passé avec l'État.

Il n'y aura donc lieu de prévoir de stipulations à cet égard que pour les fournitures qui peuvent, au moment de leur fabrication, être, en quelque sorte, individualisées et présenter une destination en dehors de laquelle on ne saurait prévoir pour elles d'acquéreur normal et régulier.

De plus, elles doivent être fabriquées dans « des ateliers organisés ou fonctionnant en vue de l'exécution du marché », et l'expression atelier doit désigner strictement, non point l'ensemble d'un établissement industriel : usine, manufacture, fabrique, mais tout atelier, tout groupe d'ouvriers, distinct ou pouvant être distingué, qui fonctionne principalement en vue de l'exécution du marché.

L'application du décret est la règle ; la non-application, l'exception. Dans tous les cas où il s'agit de travaux d'appropriation, de fabrications spéciales, de constructions exécutées expressément à la demande de l'État, pour lui, sur les indications de ses agents et non pour le commerce courant, les clauses relatives à la main-d'œuvre doivent être prévues par les cahiers des charges et strictement appliquées. Cette application sera intégrale, c'est-à-dire que tous les ouvriers employés en bénéficieront, si le travail ou la fabrication dont il s'agit nécessite, d'un bout à l'autre, un personnel spécialisé dans cette fabrication; partielle, si certaines opérations, manutentions, nickelage, étamage, etc... s'effectuent en confondant les fabrications de l'Etat avec les fabrications courantes. C'est dire qu'en aucun cas, l'on ne devra envisager l'application des conditions de travail, prévues par le décret, à la production des matières premières d'usage général : acier, fonte, cuivre, houille, etc., dont l'entrepreneur ou le fournisseur doit s'approvisionner pour l'exécution du marché. Mais l'observation des clauses y relatives doit être exigée des producteurs de toutes matières fabriquées spécialement par l'entrepreneur ou le fournisseur, en vue de la commande dont il s'est chargé.

Aux termes de l'article 2 du décret, les sous-traitants autorisés sont, du reste, soumis aux mêmes obligations que les entrepreneurs ou fournisseurs titulaires de marchés.

En conséquence, aucun marché de travaux ou de fournitures ne sera approuvé si le cahier des charges correspondant ne comporte l'insertion des clauses prévues par le décret du 10 août 1899, ou si la non-insertion n'est justifiée par des motifs probants développés dans le rapport d'envoi à l'administration centrale.

Art. 99.

Détermination des éléments à introduire dans les cahiers des charges.

Ces éléments sont :

1° *Assurance d'un jour de repos par semaine.* — Les conditions relatives au repos hebdomadaire sont fixées par le Code du travail et de la prévoyance sociale (livre II, titre I, chapitre IV).

2° *Emploi des ouvriers étrangers.* — La main-d'œuvre étrangère est interdite dans les chantiers et ateliers, où son emploi serait de nature à compromettre les secrets de la défense nationale. Cette interdiction ne saurait être généralisée d'une façon absolue, et la proportion d'ouvriers étrangers à admettre sur les chantiers de travaux doit varier suivant les localités et suivant les professions. Il appartient aux directeurs régionaux de fixer cette proportion dans chaque cahier des charges.

3° *Salaire normal à payer pour chaque profession et, dans chaque profession, pour chaque catégorie d'ouvriers.* — Il est à désirer que toutes les administrations de l'Etat ou des départements adoptent, dans une même localité, les mêmes salaires pour les ouvriers des mêmes professions et puissent joindre à leurs cahiers des charges des bordereaux uniformes; à cet effet, une entente préalable est nécessaire.

Des instructions ont été adressées aux préfets, dans le but de faciliter l'entente entre les représentants des diverses administrations ayant à exécuter des travaux analogues, et de nommer des commissions mixtes composées, en nombre égal, de patrons et d'ouvriers appelés à donner leur avis sur les cours réellement pratiqués.

Les officiers et fonctionnaires militaires doivent donc recourir à l'intermédiaire des préfets, pour la réunion des commissions mixtes, ainsi que pour la confection des bordereaux relatifs aux travaux usuels communément effectués par plusieurs administrations. Ils doivent également déférer aux demandes que peuvent leur adresser les préfets, en vue de l'entente commune à établir entre diverses administrations.

Lorsque des commissions administratives auront été constituées en vue de cette entente, seuls les bordereaux des salaires qu'elles auront établis devront servir à dresser le bordereau spécial à annexer à chaque marché en ce qui concerne les professions dont il y a lieu de prévoir l'utilisation.

Si la constatation des accords entre les syndicats patronaux et ouvriers, ou l'avis des commissions mixtes prévu à l'article 3 du décret n'a pu être obtenu trois mois avant la date probable de l'adjudication, le chef du service local procède d'office à l'établissement du bordereau (1), en ayant recours aux autres sources d'information indiquées au décret.

Le représentant de l'administration militaire, à qui incombe le devoir de constater ou de vérifier le taux normal et courant des salaires, doit disposer d'un temps suffisant pour s'acquitter de sa mission, en s'entourant de tous renseignements utiles.

La question s'est posée de savoir si chaque profession doit comporter des catégories, de manière que l'entrepreneur puisse classer ses ouvriers dans chacune d'elles, suivant leurs aptitudes professionnelles. Formulée avec cette généralité, l'interprétation

---

(1) Les bordereaux doivent être établis conformément au modèle n° 19 annexé à la présente instruction, lorsqu'ils indiquent des salaires à l'heure ou à la journée. Pour les travaux aux pièces, les bordereaux consistent dans les tarifs des salaires usuellement appliqués dans la région aux diverses opérations que comporte l'exécution du marché.

permettrait d'établir des distinctions contraires à l'esprit du décret. Aussi convient-il d'adopter la solution suivante : dans chaque profession, on distinguera les ouvriers ou compagnons et les aides. Chaque profession pourra, en outre, être subdivisée en autant de spécialités distinctes qu'en consacrent les usages locaux, chaque spécialité pouvant recevoir des salaires différents.

Sauf dans les cas prévus au dernier alinéa de l'article 3 du décret, on ne saurait admettre que l'entrepreneur rétribue à des taux différents des ouvriers employés à des travaux identiques.

Le taux normal du salaire de chaque spécialité étant déterminé, l'administration n'aura pas à s'immiscer dans le contrat à intervenir entre l'entrepreneur et l'ouvrier, relativement à la catégorie dans laquelle ce dernier pourra être rangé. De même, l'entrepreneur restera libre de payer un taux supérieur, ou de faire exécuter le travail à la tâche, pourvu que, dans ce cas, le gain journalier de l'ouvrier soit au moins égal au taux prévu pour sa catégorie.

Si l'entrepreneur devait payer à tous ses ouvriers le salaire normal, il serait poussé à éliminer ceux que leurs aptitudes physiques mettent dans un état d'infériorité notoire sur leurs camarades. Pour protéger ces déshérités du sort, le décret (dernier alinéa de l'article 3) a prévu qu'une exception pourrait être faite, pour eux, à la règle du taux normal.

Jusqu'à ce que l'entente pour l'établissement des bordereaux ait pu se faire entre toutes les administrations, les cahiers des charges stipuleront la proportion maxima de ces ouvriers et la réduction à faire subir aux salaires.

Il n'est pas indispensable que les bordereaux de salaires ne contiennent que des prix à l'heure ou à la journée.

L'administration ne saurait, il est vrai, intervenir dans le mode de distribution du travail propre à chaque entreprise et annexer à chaque cahier des charges un bordereau visant tous les modes de rémunération qui se peuvent rationnellement concevoir. Mais d'autre part, s'il existe des salaires aux pièces d'un usage courant dans une région, usage constaté dans les formes prévues à l'article 3, il serait contraire à la lettre et à l'esprit du décret de ne pas les inscrire aux bordereaux.

Dès lors, il paraît indispensable d'établir la distinction ci-après :

Lorsqu'il existe, pour des travaux aux pièces, un tarif bien défini et couramment usité dans la région, l'administration devra inscrire ce tarif dans les bordereaux sous les garanties exigées par l'article 3. L'ouvrier n'aura point alors le droit d'exiger l'application de prix minima à l'heure ou à la journée, puisque le prix de son travail aux pièces aura été fixé dans les bordereaux suivant un tarif reconnu comme normal et courant.

Dans le cas contraire, l'entrepreneur ou le fabricant restant libre d'ailleurs d'établir chez lui tel mode de rémunération de travail qui lui paraît convenable, le salaire moyennement gagné par un ouvrier en un temps donné ne devra pas être inférieur au salaire courant, à l'heure ou à la journée, inscrit sur les bordereaux.

Les salaires inscrits aux bordereaux devant être les salaires normaux appliqués dans la ville ou la région où le travail est exécuté, il convient de définir ce qu'il faut entendre par le mot région.

Lorsque les travaux s'exécutent dans une ville assez importante pour qu'il y ait un salaire normal et courant des catégories d'ouvriers appelées à y concourir. le décret dit expressément salaire courant dans ladite ville. En dehors de ce cas, il emploie l'expression de région. Ce ne sont donc pas seulement les communes où s'exécutent les travaux adjugés. mais aussi les communes voisines et en général toute la portion de territoire pour laquelle les conditions de travail sont à peu près identiques. Suivant les cas, et suivant l'importance des travaux, la région comprendra une ou plusieurs communes, un ou plusieurs cantons, un ou plusieurs arrondissements.

4° *Limitation des heures de travail.* — Les heures de travail effectuées au delà de la limite assignée au travail général de l'établissement ou du chantier, en vertu des dérogations temporaires, sont considérées comme heures supplémentaires et payées dans les conditions prévues dans chaque industrie par les règlements d'administration publique rendus pour l'application des dispositions légales concernant la durée du travail.

Les demandes de dérogations de cette nature pour travaux urgents exécutés dans l'intérêt national sont adressées au Ministre de la guerre, qui les soumettra avec son avis au Ministre du travail.

Les chefs de service, aussitôt après l'approbation du marché, font parvenir au Ministre de la guerre (direction intéressée), et par bordereau spécial, une copie conforme du bordereau des salaires normaux inséré au cahier des C. S. ou annexé au marché. Cette copie sera ensuite transmise par la direction intéressée au bureau des Questions ouvrières.

Art. 100.

**Introduction dans les cahiers des charges des éléments déterminés
à l'article 99.**

§ 1. *Cahier des charges de travaux.* — Ces cahiers des charges se reportent toujours, soit à une série des prix, soit à un devis estimatif, et il est évident que la détermination du taux des salaires et la limitation des heures de travail doivent avoir leur répercussion sur les prix de la série ou sur les devis.

Il y a donc lieu d'en tenir compte chaque fois que l'on procédera à l'établissement d'un document de ce genre; mais, pour les marchés à passer dans les places où il existe actuellement une série des prix, point ne sera besoin de la modifier.

Il a été, explicitement ou non, tenu compte, lors de son établissement, des salaires en usage, et il appartient aux soumissionnaires qui auront sous les yeux les salaires considérés comme normaux de tenir compte dans leurs offres (rabais ou surenchère) de la répercussion que la variation possible de ces taux de main-d'œuvre a pu avoir sur les prix de la série.

On devra, d'ailleurs, éliminer de cette série tous les prix relatifs aux salaires à la journée qui se trouveront désormais sur les bordereaux; en revanche, il y a lieu de tenir compte de la majoration à payer à l'entrepreneur pour frais généraux et bénéfices, toutes les fois qu'il aura à fournir à l'administration des ouvriers à la journée; cette majoration, qui est fixée uniformément à 20 p. 100 par le cahier des C. C. G. (1) n'est pas passible, soit du rabais, soit de la surenchère résultant du contrat.

Ainsi, le taux normal de la journée du terrassier étant prévu au bordereau pour 3 fr. 50, la majoration prévue à la série pour frais généraux et bénéfices étant de 20 p. 100 (non susceptible du rabais), l'entrepreneur devra payer à l'ouvrier 3 fr. 50, et la journée du terrassier lui sera payée 3 fr. $50 + \frac{20}{100} = 4$ fr. 20.

§ 2. *Cahier des charges de fournitures.* — Seuls, les cas d'impossibilité matérielle dûment constatés, et dont il sera rendu compte en temps utile au Ministre, pourront dispenser les représentants des services locaux d'annexer au cahier des charges un bordereau des salaires normaux.

____

(1) Article 57.

Art. 101.

Revision des taux des salaires et de la durée du travail.

L'article 3 du décret prévoit que les bordereaux pourront être revisés sur la demande des patrons et des ouvriers, lorsque les variations dans les taux des salaires ou la durée du travail journalier auront reçu une application générale dans l'industrie en cause.

Cette revision n'est pas obligatoire. Il résulte, tant des termes du décret du 10 août 1899 que de ce qui vient d'être dit, qu'il appartient à l'administration seule d'apprécier s'il y a lieu de procéder à cette opération.

Une fois saisi d'une demande en revision de salaires, le chef du service devra d'abord instruire cette demande au point de vue de la suite qu'elle est susceptible de recevoir.

Sans perdre de vue la répercussion possible d'une revision des salaires sur celle des prix du marché, il s'inspirera, surtout dans les cas douteux, de l'esprit de la réglementation des conditions du travail.

S'il existe, et c'est le cas ordinaire, dans la localité ou la région, des chantiers ou ateliers de nature analogue à ceux ouverts par l'administration de la guerre, et si le taux du salaire journalier y est suffisamment concordant, on y trouvera la base d'une comparaison permettant d'apprécier le bien-fondé de la revision demandée.

Dans l'affirmative, le chef du service aura simplement à tenir compte des résultats de cette comparaison, en introduisant au bordereau des salaires les modifications corrélatives.

Il importe d'observer que l'obligation pour les entrepreneurs des travaux de l'Etat de payer leurs ouvriers au taux du salaire normal de la région est absolue, alors même que les contrats de travail, en vertu desquels ces ouvriers ont été embauchés, porteraient un salaire inférieur. Dans ce cas l'administration doit (article 4 du décret du 10 août 1899), intervenir pour faire payer à l'ouvrier la différence et, le cas échéant, en assurer elle-même le payement aux frais de l'entrepreneur. Dès lors, toute erreur commise par l'administration dans l'établissement du bordereau des salaires doit donner lieu à rectification, quelle que soit l'époque à laquelle cette erreur est reconnue.

Quand il n'y a pas d'industries similaires dans la localité ou la région, il appartient au chef du service de procéder, par tous moyens dont il peut disposer, à la vérification sur place de la réalité et de l'étendue du changement qui a pu survenir dans les conditions du travail.

D'après les conclusions de cette enquête, il aura à prendre une décision motivée, qui ne sera notifiée aux intéréssés qu'après avoir été approuvée par le directeur local.

Toute demande de revision des salaires fera l'objet d'un compte rendu spécial indiquant, avec motifs, les décisions prises et, le cas échéant, les résultats de l'enquête à laquelle il a été procédé. Ce compte rendu est adressé au Ministre avec l'avis des autorités hiérarchiques.

La décision prise par le chef du service ne peut pas avoir d'effet rétroactif. Toutefois, les nouveaux salaires sont payés à partir du jour de la demande en revision.

Quelle sera la répercussion de cette revision sur les prix du marché ?

Il faut distinguer :

1° *Travaux à la journée.* — Les sommes à payer à l'entrepreneur sont celles résultant du nouveau taux des salaires augmentées de la majoration prévue à la série pour frais généraux et bénéfices, majoration qui reste fixe durant toute la durée du marché;

2° *Travaux au nombre ou au métré.* — La journée de l'ouvrier n'entrant dans le prix de ces travaux que pour une fraction plus ou moins importante, la revision des salaires n'entraîne pas *ipso facto* la revision des prix indiqués au marché pour ces travaux.

Pour que cette revision soit obligatoire, il faut que les variations constatées dans le taux des salaires, ou la durée du travail journalier, dépassent la limite fixée par le cahier des C. C. G. (1) ou celle déterminée exceptionnellement par le cahier des C. S., et que la revision des salaires ait été autorisée. En dessous de cette limite, les variations dont il s'agit sont considérées comme un des aléas de l'entreprise.

Cette disposition, loin de constituer une charge pour l'entrepreneur, qui, autrement, serait obligé de suivre, sans compensation, les fluctuations des salaires, constitue pour lui une sérieuse garantie. puisqu'elle lui assure une plus-value dans le cas où la hausse des salaires dépasserait une certaine limite.

Toutefois, on ne doit pas perdre de vue que la modification des prix en cours des marchés est susceptible de donner lieu à des

---

(1) Article 41.

contestations; aussi y a-t-il intérêt à l'éviter; il suffit pour cela de prévoir au cahier des charges une limite assez large pour que, dans le cours d'un marché qui dure au plus trois ans, il y ait peu de chances de la voir dépasser.

Lorsque la revision sera devenue nécessaire, si l'accord ne peut se faire avec l'entrepreneur sur les nouveaux prix à appliquer aux travaux, les contestations seront soumises au Ministre, sauf recours au conseil de préfecture ou au Conseil d'Etat, suivant les cas.

Art. 102.

Sanctions à prévoir.

Ces sanctions sont inscrites aux articles 4 et 5 du décret.

L'article 5 n'a besoin d'aucune explication, mais il est nécessaire d'insister sur les dispositions de l'article 4.

D'après cet article, si l'administration constate une différence entre le salaire payé aux ouvriers et le salaire courant prévu au bordereau, elle indemnise directement les ouvriers lésés au moyen de retenues opérées sur les sommes dues à l'entrepreneur et sur son cautionnement.

Cette disposition ne saurait avoir pour résultat de faire l'administration juge des différends qui peuvent naître entre les ouvriers et l'entrepreneur; c'est un rôle qui n'est pas dans ses attributions.

Lorsque l'officier ou le fonctionnaire chargé de la direction des travaux sera saisi de la réclamation d'un ouvrier au sujet de son salaire, il en préviendra l'entrepreneur et convoquera les intéressés. S'il est constaté d'un commun accord que la réclamation porte exclusivement sur la fixation du taux du salaire journalier, mais que, pour un motif quelconque, l'entrepreneur ne puisse ou ne veuille payer à l'ouvrier ce qui lui est dû, le directeur des travaux fera payer l'ouvrier directement.

S'il est constaté que la réclamation a un autre objet, qu'elle porte par exemple sur le nombre des heures de travail, la nature de ce travail, la catégorie dans laquelle l'ouvrier a été rangé, etc., il renverra les parties devant qui de droit (conseil des prud'hommes, juge de paix, etc.). Les sommes mises à la charge de l'entrepreneur et que celui-ci se refuserait à payer seront également soldées à l'ouvrier par les soins du directeur des travaux.

Ces payements seront faits au moyen des avances du gérant ou de l'officier d'administration comptable.

Copie de la décision intervenue sera jointe à l'état de paye-ment.

Les sommes avancées seront retenues par voie de précompte sur les plus prochains mandats de l'entrepreneur.

CHAPITRE II.

Règles relatives à l'Algérie et à la Tunisie.

***

Art. 103.

§ 1. *Algérie.* — Dans les marchés passés en Algérie, les conditions du travail à insérer dans les cahiers des charges sont déterminées par le décret du 21 septembre 1913, qui fixe les con-ditions d'application à l'Algérie du décret du 10 août 1899.

§ 2. *Tunisie.* — Dans les marchés passés en Tunisie, les clauses relatives aux conditions du travail à insérer dans les cahiers des charges sont conformes aux dispositions en vigueur en cette matière dans la Régence.

TITRE IX.

Réception des fournitures.

***

Art. 104.

Dispositions générales.

La réception des fournitures s'opère conformément aux règles fixées par le règlement et l'instruction sur la comptabilité des matières appartenant au ministère de la guerre et par les cahiers des charges.

En ce qui concerne les réceptions ayant lieu aux magasins de l'Etat, il est procédé à l'examen des matières et objets livrés dans le plus bref délai à partir de leur remise en magasin. Si les opé-rations de réception comportent des analyses chimiques, les échantillons prélevés sont adressés immédiatement au labora-toire chargé de procéder à l'analyse. La notification des décisions des commissions de réception est faite au fournisseur dès que les opérations de réception sont terminées.

Art. 105.

Indemnités de vacations aux membres civils des commissions de réception et aux experts civils qui peuvent éventuellement assister diverses commissions.

Les membres civils que comportent certaines commissions de réception ont droit, s'ils sont étrangers aux services du Département de la guerre, aux indemnités de vacation et de transport fixées par le règlement sur le service des frais de déplacement.

Les experts civils qui peuvent être désignés pour assister les commissions de réception, les commissions d'adjudication ou les commissions d'examen des échantillons ont droit, sous la même condition, aux mêmes indemnités. Dans des cas exceptionnels, le Ministre peut allouer des indemnités plus élevées.

Les commissaires ou experts appartenant au personnel civil des services de la guerre reçoivent, le cas échéant, les indemnités de déplacement réglementaires, mais n'ont pas droit à des indemnités de vacation.

Les frais de vacation et de transport des membres civils des commissions de réception ou des experts adjoints à ces commissions sont répartis suivant le même mode que les frais d'appel, c'est-à-dire qu'ils sont à la charge de l'Etat et de l'entrepreneur proportionnellement à la valeur des quantités admises d'une part et à celle des quantités rejetées ou ajournées d'autre part. Dans les marchés où elle est susceptible d'être appliquée, cette disposition doit être prévue au cahier des charges communes ou au cahier des charges spéciales.

Art. 106.

Dispositions relatives aux analyses chimiques exécutées à la section technique de l'artillerie, à l'atelier de construction de Puteaux, à l'atelier de construction de Bourges et à l'école centrale de pyrotechnie militaire.

§ 1. — Les commissions de réception ont seules qualité pour prononcer l'acceptation ou le rejet des matières ou objets présentés.

Ces commissions doivent s'assurer que toutes les conditions stipulées par les cahiers des charges sont remplies et que les livraisons sont conformes aux échantillons ou modèles-types : il leur appartient, par suite, de déterminer les épreuves à faire subir à ces matières ou objets et, en principe, d'exécuter ces épreuves.

§ 2. — Lorsque les conditions de réception comportent des analyses chimiques ou des essais, notamment pour les métaux, alliages, cuirs, textiles, produits divers, etc., etc., les établissements ou services qui ne posséderaient pas les moyens d'y procéder eux-mêmes sont autorisés à en demander l'exécution aux établissements ci-après :

A l'atelier de construction de Puteaux : pour les laitons à cartouches et les laitons 90/10.

A l'atelier de construction de Bourges : pour les cordages divers, fils à coudre, tissus divers, toiles diverses, sangles diverses, couvertures, bronzes, laitons (autres que les laitons à cartouches et les laitons 90/10), fontes, plombs doux et plombs antimonieux, balles en plomb durci.

A l'Ecole centrale de pyrotechnie militaire : pour les charbons divers, huiles animales, huiles d'arachides, huiles minérales, huiles de colza, suifs, graisses minérales, graisses consistantes, pétrole pour éclairage et nettoyage, minium de fer, ocres rouges et jaunes, huile de lin et caoutchoucs.

A la section technique de l'artillerie : pour toutes les matières non indiquées ci-dessus.

La même autorisation est accordée :

1° Aux corps de troupe pour les cordages, cuirs et textiles;

2° Aux établissements et services du Département des colonies pour les cuirs.

Les contre-analyses seront exécutées par la section technique de l'artillerie.

§ 3. — Les dispositions du paragraphe 2 n'ont point pour effet de substituer les établissements chargés de l'exécution des analyses aux commissions locales de réception; il appartient à ces dernières de déterminer, par une étude préalable de la question et d'après l'usage auquel sont destinés les matières ou objets, quels sont les essais à faire subir, et quels sont ceux dont il y a lieu de demander l'exécution aux établissements chargés des analyses.

Ceux-ci n'ont aucun avis à émettre sur l'application ou le rejet des matières ou objets dont les échantillons leur sont adressés, leur rôle se borne à exécuter les essais demandés et à en faire connaître les résultats dans le plus bref délai possible.

Il ne doit pas leur être envoyé d'échantillons pour des matières ou objets ne satisfaisant pas aux épreuves que les commissions de réception peuvent exécuter elles-mêmes, ces matières ou objets devant être rebutés quel que soit le résultat des essais ou analyses chimiques.

§ 4. — Les établissements sont également autorisés à demander aux établissements chargés des analyses l'indication des renseignements que les analyses chimiques courantes ou industrielles sont susceptibles de donner sur les matières ou produits qui font l'objet des marchés.

Ces indications, à fournir au titre de renseignements, devront toujours être demandées lorsque le cahier des charges prévoit des analyses ou essais à exécuter par les établissements de l'artillerie ci-dessus visés.

§ 5. — Les conditions à vérifier par les établissements chargés de l'exécution des analyses doivent être indiquées sans aucune ambiguïté. Appliquée à des substances aussi complexes que les matières industrielles, l'expression d' « analyse chimique » n'a pas de signification précise. L'analyse chimique industrielle d'un produit du commerce se compose, en effet, d'une série de recherches, dosages ou essais généralement indépendants les uns des autres, dont chacun a pour but de vérifier un point spécial. Ils sont variables suivant l'usage auquel le produit est destiné, et doivent dès lors être exactement spécifiés dans chaque cas particulier.

On évite, par suite, d'employer des expressions vagues, telles que « de première qualité » ou « de qualité supérieure », qui ne peuvent servir de base à aucune vérification.

On ne doit pas laisser aux établissements chargés de l'exécution des analyses le soin de procéder aux essais qu'ils jugeront convenables en se bornant à leur adresser au lieu de l'indication des points à vérifier, la copie du cahier des charges ou des conditions imposées au fournisseur, ou en se contentant de renvoyer à un document quelconque (cahier des charges, instructions ou dépêches ministérielles, etc.).

§ 6. — Les établissements ne doivent pas perdre de vue que les métaux ou les produits industriels ne sont jamais purs; tous contiennent des proportions variables d'impuretés ou matières étrangères. Ces impuretés, inévitables, doivent être, avec le plus grand soin, distinguées des falsifications.

Dans la plupart des cas, un métal ou un produit industriel est suffisamment défini, soit par l'absence de matières étrangères déterminées, nuisibles à l'usage, soit par un taux maximum imposé à ces mêmes matières, qui doivent dès lors être exactement indiquées.

§ 7. — L'analyse chimique ne peut donner que la composition de la petite quantité de matière soumise aux essais; il est donc indispensable que l'échantillon ait la composition moyenne du lot considéré. L'échantillonnage, qui ne présente généralement pas de difficultés pour les matières liquides, doit être exécuté avec les plus grands soins, lorsqu'il s'agit de matières solides qui, même dans le cas des métaux coulés, sont rarement homogènes.

Art. 107.

Mesures d'ordre relatives à l'exécution des analyses chimiques.

§ 1. — Les échantillons envoyés à fin d'analyse doivent être distingués par une marque (signe, lettre ou numéro) permettant de les retrouver facilement au milieu d'autres dé même nature : les marques sont portées par les échantillons eux-mêmes s'il est possible, ou, dans le cas contraire, inscrites sur les sachets ou récipients qui les contiennent.

En aucun cas, le nom des fournisseurs n'est communiqué aux établissements chargés des analyses.

Les échantillons sont accompagnés d'une lettre ou bordereau d'envoi mentionnant :

1° La désignation des échantillons et les marques correspondantes ;

2° L'usage auquel chacun d'eux est destiné ;

3° L'indication précise des recherches, dosages ou essais dont l'exécution est demandée. Si l'établissement expéditeur soupçonne une fraude ou falsification, il appelle l'attention sur ce point par une mention spéciale, en indiquant sommairement les motifs de ses soupçons.

§ 2. — Les établissements chargés des analyses font, s'il y a lieu, compléter les pièces d'envoi qui ne contiendraient pas les indications nécessaires; ils procèdent aux essais dans le plus bref délai (1) et adressent à l'établissement expéditeur un procès-verbal reproduisant les marques des échantillons et indiquant les résultats obtenus.

---

(1) Ces délais sont de :

Un mois pour les métaux et les alliages;

Vingt jours pour les matières et produits divers;

Dix jours pour les cuirs et textiles;

à partir du moment où le bordereau d'envoi et les échantillons sont arrivés à l'établissement chargé de l'analyse.

§ 3. — Les échantillons destinés à l'analyse et les récipients qui les contiennent doivent être expédiés sans prise en charge. Ils sont remplacés aux frais des fournisseurs ; mention de cette disposition doit être inscrite dans les cahiers des charges.

Pendant six mois, à dater de la notification des résultats, les restants d'échantillons sont conservés par les établissements chargés de l'exécution des analyses pour permettre de procéder à des contre-analyses en cas de contestation; au bout de ce temps, aucune réclamation n'est plus admise, et les résultats communiqués seront indiscutables.

Les déchets d'échantillons restent toujours acquis à l'Etat.

§ 4. — En général, les échantillons de métaux : résinates, miniums de fer, outremers, ocres rouges et jaunes, gommes laques, cires, savons, graisses, suifs, etc., doivent peser de 100 à 200 grammes. Hors pour l'étain et le plomb, ils seront, toutes les fois qu'il sera possible, envoyés sous forme de copeaux fins, parfaitement exempts de rouille ou d'oxyde, et renfermés dans des flacons ou des sachets en toile gommée ou papier parchemin.

La présence d'huile, de savon, etc..., pouvant fausser les dosages et notamment celui du carbone. les copeaux doivent être obtenus à sec. Il est nécessaire de vérifier avec beaucoup de soin que des parcelles d'acier provenant de l'outil ne sont pas mélangées à l'échantillon.

Lorsque le dosage de l'oxygène ou du soufre est demandé dans un échantillon de cuivre, il est nécessaire de joindre aux copeaux un fragment prismatique de même poids approximatif; ce fragment et les copeaux doivent porter la même marque.

Les métaux non malléables (fontes, antimoine, etc.) doivent être concassés en fragments aussi menus que possible : ces morceaux doivent être parfaitement exempts de rouille ; ils sont renfermés comme il est dit plus haut.

Les liquides (500 à 1.000 grammes) sont envoyés de préférence dans des flacons de verre blanc, parfaitement nettoyés au préalable. Il convient d'employer des flacons bouchés à l'émeri toutes les fois qu'il y a lieu de craindre l'attaque des bouchons ordinaires (acides, alcalis, etc.).

Les échantillons de cuirs, textiles, etc., sont envoyés conformément aux indications spéciales en vigueur.

Leur poids ne doit jamais être inférieur à 15 grammes.

§ 5. — Après demande spéciale adressée au moment de l'adjudication ou de la fourniture, les fournisseurs peuvent prendre connaissance des méthodes analytiques en usage dans les laboratoires, si elles ne sont pas mentionnées dans les cahiers des charges.

A cause de la longueur des dosages, ils ne sont admis à assister aux essais qu'ils auront spécialement désignés dans leur demande qu'à titre exceptionnel.

TITRE X.

Commissions d'appel.

Art. 108.

Objet du présent titre.

Le présent titre a pour but de déterminer les conditions d'organisation et de fonctionnement des commissions dites d'appel.

Les cahiers des C. C. ou des C. S. n'ont qu'à spécifier les détails de son application à la fourniture qu'ils concernent.

Art. 109.

Droit et délais d'appel ou de pourvoi.

Les circonstances, dans lesquelles l'entrepreneur ou fournisseur et le chef du service peuvent se pourvoir devant les commissions d'appel contre les décisions des commissions de réception et les délais dans lesquels ces pourvois doivent être formés, sont définis par le cahier des C. C. G. applicables aux marchés de fournitures du Département de la guerre.

Art. 110.

Composition des commissions d'appel.

Les commissions d'appel ont la composition suivante :

Un membre de la Chambre de commerce dans le ressort de laquelle est situé l'établissement choisi comme lieu de réception, *président*.

Deux membres idoines désignés, l'un par l'administration militaire, l'autre par l'entrepreneur, *membres*.

Le membre de la Chambre de commerce, président, est désigné par le Ministre ou par toute autorité qu'il délègue à cet effet.

Pour les fournitures de denrées et produits du service des vivres et du service des fourrages, le directeur de l'intendance est le délégué de droit du Ministre.

Le président est choisi sur une liste de trois noms, présentée par la Chambre de commerce, pour la spécialité dont il s'agit.

Si la Chambre de commerce ne comporte pas de membres de la spécialité à examiner, le président de la commission d'appel peut être choisi en dehors de cette spécialité, mais toujours parmi les membres de la Chambre de commerce. Toutefois, lorsqu'il s'agit de fournitures de blé ou de denrées fourragères, le président pourra être choisi, s'il n'existe pas de Chambre de commerce dans la place de livraison, parmi les membres des syndicats, fédérations ou unions agricoles figurant sur les listes qui seront soumises au directeur de l'intendance du corps d'armée par le préfet du département où se trouve située la place de livraison.

Dans tous les cas, le président de la commission d'appel a toujours la faculté de se faire assister, s'il le juge nécessaire, de toute personne dont le concours lui paraît utile.

La durée de sa fonction est d'une année.

Chaque président de commission d'appel a un suppléant nommé dans les mêmes conditions.

Le membre idoine à désigner par l'autorité militaire peut être choisi sur une liste dressée par la Chambre de commerce ou bien désigné parmi le personnel compétent dont dispose l'administration de la guerre. Quand il s'agit de fournitures de blé ou de denrées fourragères, le membre idoine peut aussi être choisi, soit sur une liste dressée par le tribunal de commerce, soit sur une liste dressée par les syndicats agricoles de la zone d'approvisionnement ou, à défaut, par les fédérations ou unions de syndicats agricoles de la région.

Dans aucun cas, le membre idoine ne doit avoir participé au refus de la fourniture ou du travail.

Le membre idoine, désigné par l'entrepreneur, est choisi sur une liste dressée par la Chambre de commerce. Quand il s'agit de fournitures de blé ou de denrées fourragères, il peut également être choisi sur les listes énumérées à l'antéprécédent alinéa.

Afin que ce choix puisse s'exercer, la liste doit comprendre au moins deux noms.

Dans le cas où les Chambres de commerce et, le cas échéant, les autres corps indiqués ci-dessus, déclareraient ne pouvoir fournir aucun nom ou n'en pouvoir présenter qu'un, l'entrepreneur a le droit de choisir son représentant comme bon lui semblera. La même faculté est ouverte à l'administration pour la désignation du président, si les chambres de commerce ne fournissent le nom d'aucun de leurs membres pour remplir ces fonctions.

Cette faculté cessera dès que la liste de présentation aura pu être complétée.

Dans le cas où, par le fait de l'entrepreneur ou de l'idoine désigné par lui, la commission d'appel ne pourrait être constituée pour la date fixée pour sa réunion, le recours de la décision de la commission de réception serait examiné par le Ministre.

Art. 111.

Fonctionnement des commissions d'appel.

Les règles générales de fonctionnement des commissions d'appel sont indiquées par le cahier des C. C. G. applicables aux marchés de fournitures du Département de la guerre.

Ce fonctionnement est, en outre, assujetti aux règles particulières suivantes :

L'entrepreneur remet son pourvoi par écrit au président de la commission de réception, qui le transmet le même jour au chef du service.

Si le pourvoi est formé par le chef du service, celui-ci en donne avis par écrit au président de la commission de réception et à l'entrepreneur.

Les matières, denrées ou objets qui font l'objet du litige sont, autant que possible, placés dans un local séparé fermant à clef.

Le chef du service communique les pourvois au président de la commission d'appel.

Le président de la commission d'appel fait connaître au chef du service le jour et l'heure de la réunion de la commission (1) ; ce dernier fait mettre à sa disposition le matériel donnant lieu au litige et informe le président de la commission de réception, ainsi que l'entrepreneur (2), du jour, de l'heure et du lieu de

---

(1) Cette réunion pourra donner lieu à plusieurs séances lorsque, exceptionnellement, la commission croira devoir faire procéder à une analyse, une expérience, etc.

(2) L'avis est adressé à l'entrepreneur, à ses frais, par lettre recommandée avec accusé de réception postal; l'avance de la dépense faite par l'établissement réceptionnaire est imputée sur la première facture de l'entrepreneur.

cette réunion, afin que la commission d'appel puisse entendre toutes explications utiles qu'ils sont en mesure de fournir.

Toute autre personne dont le concours est susceptible d'être demandé par la commission dans le même but est convoquée dans les mêmes conditions.

Les personnes entendues par la commission d'appel ne doivent pas sortir, dans leurs explications, des questions à résoudre. Le président s'oppose à la présentation d'observations étrangères au débat ou qui seraient de nature à le prolonger, sans donner lieu d'espérer plus de certitude dans les résultats.

Dans le cas où l'entrepreneur, ou bien tout ou partie des personnes susindiquées, ne répondrait pas à la convocation, la commission n'en délibérerait pas moins valablement.

Les délibérations de la commission ont lieu à huis clos, c'est-à-dire en dehors de la présence de toute personne autre que le président et les deux membres.

Le président peut demander au chef du service les moyens matériels nécessaires pour l'établissement du procès-verbal qui doit être rédigé par la commission.

Ce document est conforme au modèle n° 20 annexé à la présente instruction.

Pour permettre au Ministre d'apprécier la valeur réelle du recours qui pourrait lui être adressé, il est essentiel que les avis de la commission d'appel soient toujours nettement et très explicitement motivés dans le procès-verbal.

La commission remet le même jour le procès-verbal au chef du service qui prend les mesures d'exécution nécessaires; ce document relate les motifs de la décision qui doit être notifiée le jour même à l'entrepreneur.

Art. 112.

Documents et instruments mis à la disposition des commissions d'appel.

Les cahiers des charges régissant les fournitures en litige et, d'une façon générale, tous les documents relatifs à la réception desdites fournitures, sont mis à la disposition des commissions d'appel, ainsi que tous les instruments de mesure et de vérification en usage dans l'établissement, dont elles pourraient avoir besoin.

Art. 113.

Décisions des commissions d'appel. — Recours au Ministre.

Les effets des décisions des commissions d'appel, le droit des parties d'avoir recours au Ministre contre ces décisions, les effets de ce recours, son mode d'introduction et d'examen sont déterminés par le cahier des C. C. G. applicables aux marchés de fournitures du Département de la guerre.

La partie qui forme recours contre les décisions de la commission d'appel, administration ou entrepreneur, fait connaître, en même temps, à l'autre partie, les motifs et considérants sur lesquels elle base son recours.

S'il y a recours, le procès-verbal de la commission d'appel est transmis au Ministre, revêtu de l'avis du chef du service et des autorités militaires désignées au cahier des C. C. ou des C. S.

La décision prise par le Ministre est portée au procès-verbal de la commission d'appel et communiquée par la direction intéressée au service local et par ce dernier au fournisseur.

Art. 114.

Frais d'appel.

Le mode de répartition des frais d'appel est défini par le cahier des C. C. G. applicables aux marchés de fournitures du Département de la guerre.

Les indemnités de vacation à payer au président ou suppléant de président et aux membres civils des commissions d'appel sont fixées pour tous les services et quelle que soit la durée de la séance :

1° A 15 francs par séance, pour les séances ayant lieu dans la résidence des membres de la commission d'appel.

2° A 20 francs par séance, avec remboursement des frais de transport, en cas de déplacement en dehors de la banlieue de la résidence de l'intéressé.

Les indemnités de vacation sont payées à la fin de chaque séance, sur état d'émargement, par les soins du corps, ou du service, où a opéré la commission d'appel, sans que les intéressés aient à en faire la demande.

Les frais de transport occasionnés aux membres civils des commissions d'appel sont remboursés sur les bases suivantes :

Parcours en chemin de fer ou en tramway.
{ Indemnité kilométrique au plein tarif, en première classe.

Parcours effectués en voitures publiques ou de louage.
{ Voitures publiques : 0 fr. 15 par kilomètre (1).
Voitures de louage : 1 franc par kilomètre, pour les 25 premiers kilomètres, et 0 fr. 60 par kilomètre, pour les suivants (lorsqu'il n'est pas possible de faire usage de voitures publiques).

Ces indemnités sont payées dans les mêmes conditions que les frais de vacation.

TITRE XI.

Pénalités. — Marchés par défaut. — Exclusions.

Art. 115.

Pénalités.

D'après les clauses générales des marchés de fournitures ou de travaux, les cas de force majeure ou de caractère imprévu ayant influé sur les conditions d'exécution des marchés peuvent donner lieu à la concession de sursis, quand les faits sont signalés dans un délai déterminé.

En dehors des cas de force majeure ou de caractère imprévu ayant entraîné la concession de sursis, les fournisseurs ou entrepreneurs sont frappés de pénalités pour retards, édictées par leur contrat.

Pour l'application de ces dernières, il y a lieu de se conformer aux prescriptions suivantes :

Pour tout marché comportant des retards, il est ouvert un état de pénalités modèle 21. Au fur et à mesure que sont effectuées les livraisons en retard ou dès que le maximum des pénalités est

---

.(1) Si cette indemnité kilométrique est inférieure à la dépense réelle, les intéressés sont remboursés sur production du ticket portant l'indication du prix payé, ou sur leur déclaration écrite.

atteint, on y inscrit le nombre de jours de retard à pénaliser, la valeur des fournitures auxquelles s'appliquent les pénalités et le montant des pénalités encourues.

En attendant qu'il soit statué définitivement sur ces retenues, la délivrance des acomptes n'est pas retardée, mais le montant des pénalités encourues est défalqué des sommes dues, en outre de la retenue du sixième ou du douzième prévue par le règlement du 3 avril 1869 sur les dépenses du Département de la guerre.

Les pénalités sont totalisées immédiatement après la dernière livraison, soit de la fourniture, soit du trimestre pour les fournitures qui comportent un règlement trimestriel ou, s'il s'agit de travaux de constructions, immédiatement après l'achèvement de ceux-ci.

Lorsqu'il n'est apporté aucune dérogation au taux et au maximum des pénalités, tels qu'ils sont fixés par les cahiers des clauses et conditions générales, les pénalités atteignent 2 p. 100 après 40 jours de retard, 6 p. 100 après 80 jours de retard et 10 p. 100, soit le maximum, à l'expiration du centième jour de retard. Le décompte des pénalités s'effectue en déterminant d'abord le pourcentage applicable, pourcentage qui est :

1° Si le retard est inférieur à 40 jours, de 0,05 p. 100 par jour;

2° Si le retard est compris entre 41 et 80 jours, de 2 p. 100 plus 0,1 p. 100 par jour de retard au delà du 40°;

3° Si le retard est compris entre 81 et 99 jours, de 6 p. 100, plus 0,2 p. 100 par jour de retard au delà du 80°;

4° Si le retard atteint 100 jours, de 10 p. 100.

Pour un retard de 91 jours, le pourcentage sera de :

$$6 + 0,2 \times 11 = 8,2 \text{ p. } 100.$$

En multipliant par cette proportion 0,082, la valeur de la fourniture (ou portion de fourniture) en retard, on détermine le montant de la pénalité.

L'entrepreneur, dès que les pénalités sont totalisées, et avant, par conséquent, qu'il ait produit sa facture, est informé des retenues qui lui sont infligées, par la communication de l'état des pénalités accompagné d'une feuille de propositions (modèle n° 22). Son attention est appelée sur l'inutilité qu'il y aurait à formuler une demande de remise qui ne serait pas justifiée par des circonstances importantes et imprévues ayant manifestement entraîné le retard. Il importe, en effet, que les prescriptions d'un contrat ne deviennent pas lettre morte, et qu'aucune exonération arbitraire de pénalité ne puisse intervenir.

En cas d'acceptation pure et simple de la pénalité, l'ordonnateur secondaire arrête l'état des pénalités et le mandatement peut être effectué immédiatement.

Si l'entrepreneur croit devoir formuler une demande d'exonération, l'état des pénalités et la feuille de propositions portant l'avis motivé du chef du service sont adressés sans retard à l'administration centrale par le directeur du service, qui y inscrit également son avis.

Dans ce cas, le chef du service fait délivrer au fournisseur ou entrepreneur, s'il y a lieu, et en attendant qu'il soit statué sur la demande d'exonération, un acompte égal au montant des droits constatés diminué du montant cumulé des pénalités et de la retenue du sixième ou du douzième.

Pour que le mandatement ne subisse pas de trop longs retards qui, dans certains cas, pourraient faire tomber le règlement des dépenses au delà de la clôture de l'exercice, il convient de procéder avec la plus grande activité à l'examen des demandes d'exonération.

Le Ministre ou le directeur du Contentieux statue après avis de la Direction du Contrôle.

Mention de la décision intervenue est portée sur l'état des pénalités qui est renvoyé à l'ordonnateur chargé du mandatement, la feuille de propositions restant dans les archives de la direction intéressée.

Dans certaines circonstances exceptionnelles, lorsqu'il y a urgence absolue et un intérêt primordial à ce que le service soit assuré dans le plus bref délai possible, des primes pour livraisons anticipées peuvent être prévues au contrat. Ces primes sont alors généralement fixées de manière que leur taux s'accroisse avec l'importance de l'avance réalisée.

Art. 116.

Marchés par défaut.

Aux termes de l'article 41 du cahier des C. C. G. applicables aux marchés de fournitures du Département de la guerre, le Ministre peut, dans les différents cas de résiliation du marché prévus à l'article 40 précédent, soit passer un nouveau marché, soit prendre toutes autres mesures qu'il juge utiles pour assurer

l'exécution du service, et décider la mise à la charge de l'entrepreneur des conséquences immédiates du marché par défaut ou
des mesures dont il s'agit.

Si, dans la plupart des cas, la résiliation du marché est motivée par la constatation de faits précis qu'il n'était pas possible
de prévoir, il est des circonstances où cette résiliation doit être
précédée d'une mise en demeure.

Les représentants locaux de l'administration ont alors le
loisir de prévoir et de proposer au Ministre les mesures qu'il
conviendrait de prendre pour limiter les pertes de temps qu'en-
traînent pour le service les formalités nécessitées par la passation d'un marché au défaut de l'entrepreneur défaillant.

L'envoi simultané de la mise en demeure au fournisseur et de
propositions au Ministre en vue de la passation d'un marché
par défaut est de nature à procurer une économie de temps, en
permettant de recevoir l'approbation sollicitée avant l'expiration
du délai accordé. Si le fournisseur obtempère aux injonctions
reçues, l'autorisation de passer un marché à son défaut devient
nulle; dans le cas contraire, après le délai fixé pour la mise en demeure et lorsque le Ministre approuve les propositions du service
local, notification est faite au fournisseur de la résiliation de son
marché. Le marché par défaut peut ensuite être passé après les
seuls délais de publicité.

Pour ces motifs, dans le cas où la mise en demeure doit pré-
céder la résiliation du marché, il convient, en même temps que
cette mise en demeure est adressée au fournisseur, de proposer
au Ministre la passation d'un marché par défaut, ou toute autre mesure jugée utile pour assurer l'exécution du service.

A cette proposition sont jointes toutes les pièces nécessaires
pour la passation d'un marché par adjudication (exceptionnellement de gré à gré) ou celles destinées à justifier toute autre mesure.

Art. 117.

Tenue d'un répertoire des entrepreneurs et fournisseurs exclus des adjudications et marchés du Département de la guerre.

Chaque décision d'exclusion de toute participation aux adjudications et marchés du Département de la guerre, prononcée
par le Ministre, est notifiée à la Direction du Contrôle (Secrétariat
de la commission des cahiers des charges et marchés), qui en
tient un répertoire.

Cette direction la notifie directement aux directeurs régionaux de l'intendance.

Ces derniers notifient directement chacune de ces décisions à l'autorité chargée, dans chaque place, de la tenue du répertoire des exclus, contenant sans exception toutes les exclusions prononcées (modèle n° 23 de la présente instruction).

Cette autorité (fonctionnaire de l'intendance ou son suppléant, chef de service ou d'établissement, commandant de détachement, etc...) est désignée par le général commandant le corps d'armée, qui décide également, pour chaque autorité chargée de la tenue du répertoire, s'il y a lieu d'en établir une ou plusieurs expéditions, d'après les besoins de la place (par exemple, en prévision d'adjudications simultanées).

La communication du répertoire est faite à *titre confidentiel* et sur leur demande aux autorités chargées de la passation des marchés et à toute autre autorité militaire intéressée.

Les décisions relevant de l'exclusion sont notifiées dans la même forme.

TITRE XII.

Dispositions diverses.

Art. 118.

Prélèvement à opérer sur le montant de certains marchés de travaux au profit des asiles de Vincennes et du Vésinet.

Tous les marchés de travaux passés par les services du Département de la guerre, pour être exécutés dans le département de la Seine, doivent stipuler qu'un prélèvement de 1 p. 100 sera opéré sur le montant des travaux pour être affecté à la dotation des asiles de Vincennes et du Vésinet (article 5 du décret du 8 mars 1855). Cette disposition s'applique non seulement aux travaux de construction proprement dits, mais encore aux travaux d'aménagement ou d'entretien impliquant ou non la fourniture de matériaux, marchandises ou objets divers. Elle s'applique tant aux marchés passés par adjudication qu'aux marchés de gré à gré ou aux travaux exécutés à la suite d'une simple convention verbale.

Les fournitures qui donnent lieu à de simples livraisons et ne comportent aucune main-d'œuvre, n'y sont pas assujetties.

Art. 119.

Dispositions spéciales aux marchés pour achat de fourrages verts

Par application du paragraphe 8 de l'article 18 du décret du 18 novembre 1882, le régime du vert est assuré par marchés de gré à gré, passés à la suite de concours restreints, pour toutes les places où la fourniture ne doit pas s'élever à plus de 20.000 francs. Ces marchés sont approuvés par les directeurs de l'intendance. Dans les places où la fourniture du vert doit s'élever à plus de 20.000 francs, elle est assurée par voie d'adjudication.

Art. 120.

Dispositions spéciales aux marchés destinés à assurer des fournitures ou services d'extrême urgence.

Les marchés de gré à gré d'importance supérieure à 20.000 francs passés pour assurer des fournitures ou services d'extrême urgence ou nécessités par des circonstances imprévues (1) peuvent, à titre exceptionnel, être approuvés, sous leur responsabilité, par les directeurs locaux.

Tout marché passé dans ces conditions doit viser le paragraphe 10 de l'article 18 du décret du 18 novembre 1882.

Une copie du marché est envoyée au Ministre, sous le timbre du bureau intéressé, sans délai, aussitôt après son approbation; elle est accompagnée d'un rapport relatant les circonstances qui ont motivé la dérogation à la règle générale et les mesures prises pour sauvegarder les intérêts de l'État.

---

(1) On peut citer, à titre d'exemple, parmi les fournitures susceptibles de rentrer dans la catégorie dont il s'agit :

Fourniture de denrées du service des subsistances dans une place autre que celle de la garnison, en cas de grève, d'épidémie, d'occupation inopinée d'un camp, etc.;

Marchés à passer à la suite d'adjudications infructueuses, lorsque la situation des approvisionnements nécessite que le service soit assuré sans délai;

Mesures à prendre pour le remplacement des denrées qui menacent de se corrompre;

Fourniture de moyens de transport (chevaux, équipages et matériel) nécessités par des mouvements de troupe inopinés ou occasionnés par des circonstances imprévues;

Fourniture de denrées, de matières et objets nécessaires à des troupes en opérations et ne pouvant pas être prélevés dans les approvisionnements;

Etc., etc.

Art. 121.

Dispositions spéciales aux marchés pour fourniture d'appareils brevetés.

Les marchés pour la fourniture d'appareils brevetés ou paraissant susceptibles de l'être doivent contenir une clause ainsi conçue :

« Le titulaire du marché garantit l'administration de la guerre contre toutes les revendications que des tiers pourraient élever au sujet de dispositifs entrant dans les appareils faisant l'objet du présent marché.

« L'administration de la guerre se réserve le droit de réparer elle-même, ou de faire réparer ou remplacer au mieux de ses intérêts les organes faisant partie de la présente fourniture. »

Art. 122.

Délivrance d'accomptes pour matériel non encore livré.

Lorsqu'il y a lieu, les cahiers des charges spéciales peuvent prévoir la délivrance d'acomptes pour du matériel approvisionné ou travaillé en usine en vue de l'exécution du marché, mais non encore livré.

La délivrance d'acomptes de cette nature est subordonnée à l'agrément par le Ministre d'une caution personnelle présentée par l'entrepreneur. Cette caution doit s'engager, solidairement avec le titulaire du marché, à garantir, le cas échéant, le remboursement desdits acomptes; son acceptation par l'administration ne dispense pas l'entrepreneur de l'obligation de fournir un cautionnement, s'il y a lieu. Lorsqu'il a été constitué une caution pour l'exécution générale du marché, cette caution pourra être admise à contracter l'engagement spécial visé ci-dessus.

En cas d'allocation d'acompte, le service local fait immédiatement apposer, toutes les fois qu'il est possible, une marque officielle sur le matériel approvisionné ou sur les pièces achevées et non assemblées, afin de montrer leur affectation spéciale.

Il est spécifié dans les cahiers des charges spéciales que l'apposition de cette marque n'engage l'administration ni au point de vue des risques qui restent à la charge de l'entrepreneur, ni au point de vue de l'acceptation ultérieure des matériaux ou pièces ainsi marqués.

Ce qui précède ne s'applique pas aux approvisionnements réalisés sur les chantiers et visés par l'article 44 du cahier des clauses et conditions générales applicables aux marchés de travaux de constructions de cette nature; des acomptes peuvent être payés sans qu'il soit besoin d'une clause du cahier des charges spéciales et sans qu'une caution personnelle ait été agréée.

<table>
<tr><td>

MINISTÈRE
DE LA GUERRE.

PLACE

d

ou

ÉTABLISSEMENT

d

Service d

</td><td>

RÉPUBLIQUE FRANÇAISE.

</td><td>

MODÈLE N° 1.

Art. 4 de l'instruction
relative aux marchés.

Ce modèle n'est donné
qu'à titre de renseigne-
ments et ne peut servir
de base à aucune récla-
mation de la part des con-
currents.

FORMAT :
45×56 au maximum.

</td></tr>
</table>

ADJUDICATION DES TRAVAUX

à exécuter { *dans la place de*
{ ou *dans* (indiquer l'établissement)

pour ..... { *la construction d* (indiquer l'ouvrage)
{ ou { *des bâtiments et ouvrages de la place de*
{ *l'entretien* { ou *de* (indiquer l'établissement)

pendant les années 19   à 19   incluse.

Le public est prévenu que le (jour et heure)
il sera procédé, en séance publique, dans une des salles
de   , à l'adjudication, sur soumissions cachetées, des travaux à exécuter { dans la place de
{ ou dans (indiquer l'établissement)

pour { la construction d. (indiquer l'ouvrage)
{ ou { des bâtiments et ouvrages de la place de
{ l'entretien { ou de (indiquer l'établissement)
pendant les années 19   à 19   incluse.

Les travaux, évalués à la somme de   francs,
seront adjugés { en un seul lot
{ ou en plusieurs lots, savoir :

NUMÉROS des lots.	NATURE DU TRAVAIL.	ÉVA- LUATION.	CAUTIONNE- MENT exigé (1).	DÉPÔT de garantie (1) exigé.
1er 2e	Terrassement....			

(1) S'il y a lieu.

Marché
à
forfait
ou
sur devis.

Les travaux devront être terminés dans un délai
de   à partir de la date de notification
de l'ordre prescrivant de les commencer.

Les travaux seront adjugés en   lots.
La dépense moyenne des travaux d'entretien s'est élevée, pendant les trois dernières années, aux sommes suivantes :

NUMÉROS des lots.	NATURE DES TRAVAUX.	SOMME dépensée.
1°		

Marché d'entretien sur série de prix.

Les personnes qui veulent concourir à l'adjudication devront produire à M. (le chef du service)   avant le (date)   les pièces énumérées aux articles 2 et 3 du cahier des clauses et conditions générales applicables aux marchés de travaux de constructions militaires et aux articles 25 et 26 de l'instruction relative aux marchés du Département de la guerre (ou les certificats en tenant lieu).

Le cahier des clauses et conditions générales et toutes les pièces relatives au marché sont déposés dans les bureaux du service de   (rue   , n°   ), où l'on peut en prendre connaissance tous les jours non fériés, de (telle heure à telle heure).

En cas d'insuccès total ou partiel de l'adjudication annoncée ci-dessus, le chef du service recevra, pour les lots non adjugés, les offres tendant à la passation d'un marché de gré à gré pendant un délai de   jours expirant le
Cès offres peuvent être présentées, soit par les concurrents à l'adjudication publique, soit par toute autre personne satisfaisant aux mêmes conditions, qui devra faire connaître huit jours au moins avant l'expiration du délai, en produisant les pièces requises pour être admis à soumissionner, son intention de concourir.
La décision de la commission d'admission sera notifiée aux concurrents nouveaux par lettre recommandée cinq jours avant la fin du délai annoncé.

Dans le cas où il y a lieu de prévoir l'insuccès total ou partiel de l'adjudication annoncée.

A   , le   19   .

Modèle n° 2 (1).

—

Art. 5 de l'instruction
relative aux marchés.

MINISTÈRE DE LA GUERRE.

———

(Indication du corps de troupes ou du service.)

———

Adjudication à   , le   19 .

(Objet de l'adjudication.)
(Date à laquelle devront être fournies, au plus tard, les pièces nécessaires et, s'il y a lieu, les échantillons) (2).
(Lieux où l'on peut trouver des renseignements complémentaires.)

(Pas de signature.)

Exemples : pages 240, 241 et 242.

---

(1) Formule des avis d'adjudication.
(2) 1° Pour les adjudications restreintes : date de la réunion de la commission d'admission;
2° Éventuellement, dans toutes les espèces d'adjudication :
Date de la réadjudication des fournitures non adjugées à la première séance et, de plus, s'il s'agit d'une adjudication restreinte :
Date à laquelle devront être fournies au plus tard les pièces nécessaires émanant de candidats nouveaux;
Date de réunion de la commission d'admission à la réadjudication.

MODÈLE N° 3.

Art. 5 de l'instruction
relative aux marchés.

MINISTÈRE DE LA GUERRE.

ARTILLERIE, DIRECTION DES FORGES.

Adjudication à Paris, le 8 avril 1921, à quatorze heures.

Fourniture de feuilles de fer blanc (399.287 kilogr. environ) divisée en sept lots.

Le cahier des charges et les pièces du marché sont déposés dans la salle d'adjudication, avenue de Saxe, n° 2, ainsi que dans les bureaux des inspecteurs des forges, à Paris et à Lyon.

Les pièces nécessaires pour être admis à concourir devront être fournies au plus tard le 30 mars 1921 (réunion de la commission d'admission le 3 avril 1921).

Réadjudication des lots non adjugés, le 29 avril 1921, à quatorze heures et demie.

Les pièces nécessaires pour les candidats nouveaux devront être fournies au plus tard le 18 avril 1921 (réunion de la commission d'admission le 23 avril 1921).

Pour les autres renseignements, consulter les affiches et le cahier des charges.

NOTA. — On ne fera usage de lettres capitales que pour les mots : « Ministère de la guerre ».

Modèle n° 4.

Art. 5 de l'instruction
relative aux marchés.

MINISTÈRE DE LA GUERRE.

SERVICE DU GÉNIE.

Adjudication à Nice, le 23 décembre 1921.

Travaux d'entretien des bâtiments militaires et des ouvrages de fortifications, pendant trois ou six années à compter du 1er janvier 1922.

1er LOT. — Terrassements et maçonneries :

    Montant annuel. . . . . 12.000 francs.

2e LOT. — Charpente, menuiserie, ferronnerie, zinguerie :

    Montant annuel. . . . . 5.000 francs.

3e LOT. — Peinture, vitrerie :

    Montant annuel. . . . . 2.000 francs.

Le cahier des charges et les pièces du marché sont déposés à la chefferie du génie de Nice (rue   , n°   ), où l'on peut en prendre connaissance.

Les pièces nécessaires pour être admis à concourir devront être fournies, au plus tard, le   19 .

Pour tous autres renseignements, consulter les affiches.

Modèle n° 5.

Art. 5 de l'instruction
relative aux marchés.

MINISTÈRE DE LA GUERRE.

SERVICE DES SUBSISTANCES MILITAIRES.

Adjudication à Lyon, le 20 février 1921.
Fourniture de denrées diverses.

1er lot. — 200 quintaux métriques de riz.

2e lot. — 300 quintaux métriques de sucre cristallisé.

Le cahier des charges et les pièces du marché sont déposés au bureau du sous-intendant militaire chargé du service des subsistances (rue   , n°   ).

Pour tous autres renseignements, consulter les affiches.

MINISTÈRE
DE LA GUERRE.

RÉPUBLIQUE FRANÇAISE.

MODÈLE N° 6.
—
Art. 11 et 12 de l'instruction relative aux marchés.

CERTIFICAT DE DÉPOT

DES

JUSTIFICATIONS EXIGÉES DES CANDIDATS AUX ADJUDICATIONS

DU DÉPARTEMENT DE LA GUERRE.

(Personne soumissionnant en son nom propre.)

Le (grade, nom et emploi de l'autorité qui a délivré le certificat)   certifie que la personne désignée ci-après a déposé, en vue d'une adjudication (simple ou restreinte), dans les archives du service qu'il dirige, des pièces régulières justifiant des garanties exigées des candidats aux adjudications du Département de la guerre en ce qui concerne les marchés.

(Mettre ici : de travaux de constructions militaires ou autres que les travaux de constructions militaires.)

Nom de la personne :

Adresse :

La personne dont il s'agit a demandé à concourir à l'adjudication du (date, lieu de l'adjudication, service)
au titre français, en qualité d'indigène algérien, d'indigène tunisien, ou en vertu d'une autorisation spéciale du Ministre, n°   ,
en date du   , et ainsi conçue (copier la décision) (1) :

A   , le   19 .

Le (Directeur *ou* Chef du service N...),

(Signature.)

Vu pour renouvellement.

A   , le   19 .

Le (Directeur *ou* Chef du service N...),

(Signature.)

} Cette mention sera reproduite toutes les fois qu'il sera nécessaire.

(Voir au dos les « Observations importantes ».)

____

(1) Biffer celles des indications qui ne sont pas applicables.

OBSERVATIONS IMPORTANTES.

1° Le présent certificat n'est valable que pendant un an à dater de sa délivrance ou de son dernier renouvellement.

2° La délivrance du présent certificat ne comporte nullement l'admission d'office du titulaire à toutes les adjudications et n'implique pas qu'il ait été admis à l'adjudication à l'occasion de laquelle le certificat a pu être délivré.

3° Les pièces déposées en vue de la délivrance du présent certificat sont détruites d'office, *dix ans* après leur dépôt ou dernier renouvellement du certificat ou dix ans après l'expiration du dernier marché souscrit par le titulaire, si celui-ci ne les a pas réclamées.

Lorsqu'un litige est ouvert au sujet de l'exécution d'un marché, le délai de dix ans prévu ci-dessus est étendu jusqu'au règlement définitif de ce litige.

L'auteur du dépôt ou ses ayants droit peuvent réclamer la remise des documents produits, tant que l'époque fixée pour la destruction desdites pièces n'est pas atteinte.

<table>
<tr><td>MINISTÈRE
DE LA GUERRE.</td><td>RÉPUBLIQUE FRANÇAISE.</td><td>MODÈLE N° 7.

Art. 11 et 12 de l'instruction relative aux marchés.</td></tr>
</table>

CERTIFICAT DE DÉPOT

DES

JUSTIFICATIONS EXIGÉES DES CANDIDATS AUX ADJUDICATIONS

DU DÉPARTEMENT DE LA GUERRE.

(Sociétés.)

Le (grade, nom et emploi de l'autorité qui délivre le certificat)   certifie que la société désignée ci-après a déposé, en vue d'une adjudication (simple ou restreinte), dans les archives du service qu'il dirige, des pièces régulières justifiant des garanties exigées des sociétés se présentant aux adjudications du Département de la guerre en ce qui concerne les marchés.

(Mettre ici : marchés de travaux de constructions militaires ou marchés autres que ceux de travaux de constructions.)

Raison sociale :

Siège social :

Nature de la société :

Durée de la société :

Noms des personnes qui ont qualité pour traiter au nom de la société. }

La société dont il s'agit a demandé à concourir à l'adjudication du (date, lieu de l'adjudication, service)   au titre français ou en vertu d'une autorisation spéciale du Ministre, n°   , en date du   et ainsi conçue (copier la décision) :

A   , le   19 .

Le (Directeur *ou* Chef du service N...),

(Signature.)

Vu pour renouvellement.

A   , le   19 ,

Le (Directeur *ou* Chef du service N..),

(Signature.)

} Cette mention sera reproduite toutes les fois qu'il sera nécessaire.

(Voir au dos les « Observations importantes ».)

OBSERVATIONS IMPORTANTES.

1° Le présent certificat n'est valable que pendant un an à dater de sa délivrance ou de son dernier renouvellement.

2° La délivrance du présent certificat ne comporte nullement l'admission d'office du titulaire à toutes les adjudications et n'implique pas qu'il ait été admis à l'adjudication à l'occasion de laquelle le certificat a pu être délivré.

3° Les pièces déposées en vue de la délivrance du présent certificat sont détruites d'office, *dix ans* après leur dépôt ou dernier renouvellement, ou dix ans après l'expiration du dernier marché souscrit par le titulaire, si celui-ci ne les a pas réclamées.

Lorsqu'un litige est ouvert au sujet de l'exécution d'un marché, le délai de dix ans prévu ci-dessus est étendu jusqu'au règlement définitif de ce litige.

L'auteur du dépôt ou ses ayants droit peuvent réclamer la remise des documents produits, tant que l'époque fixée pour la destruction desdites pièces n'est pas atteinte.

4° En cas de modification quelconque à leurs actes constitutifs, les sociétés ne peuvent plus faire usage du présent certificat, sans l'avoir fait renouveler par l'autorité qui l'a délivré, après avoir déposé une expédition légalisée de l'acte modificatif ; toute infraction à cette règle serait susceptible d'entraîner la résiliation des marchés qui auraient été passés sur le vu du présent certificat, et cela aux risques et périls de l'intéressé, sans qu'il soit besoin d'une mise en demeure.

MODÈLE Nº 8.

Art. 12 de l'instruc-
tion relative aux
marchés.

Format tellière :
0,215 × 0,325.
Feuille double.

CHEMISE DES PIÈCES DÉPOSÉES

ÉTABLISSEMENT, SOUS-INTENDANCE OU CHEFFERIE DÉPOSITAIRE

DATE du DÉPOT	NOM OU RAISON SOCIALE	NATURE des ADJUDICATIONS
		Travaux ou fournitures.

DATES de RENOUVELLE-MENT	PIÈCES DÉPOSÉES	MARCHÉS NOTIFIÉS			LITIGES
		Service.	Place.	Expiration.	
	(Enumération des pièces dans l'ordre où elles sont mentionnées par l'instruction sur la passation des marchés.)	Intendance	Langres.	31-2-1914.	Conseil de préfecture ou Conseil d'Etat.

MODÈLE N° 9.

—

Art. 12 de l'instruc-
tion relative aux
marchés.

Format tellière.

Registre.

RÉPERTOIRE

DES

ENTREPRENEURS OU FOURNISSEURS

AYANT DÉPOSÉ LEURS PIÈCES.

—

Division en 25 parties dont chacune porte en tête (recto d'une page)
une lettre de l'alphabet.

DATE DU DÉPOT.	NOM OU RAISON SOCIALE.
	A
1908. (Date et mois.)	(Inscrire les dépôts dans l'ordre chronologique, au tableau qui porte en tête la lettre initiale du *nom* ou de la *raison sociale.*)

Modèle n° 10.

Art. 25 de l'instruc-
tion relative aux
marchés.

DÉCLARATION.

Je soussigné (nom, prénoms, qualité, domicile, date et lieu de
naissance)
déclare être dans l'intention de soumissionner les travaux d (indiquer les lots)   à exécuter
        (la construction d (indiquer l'ouvrage)
pour)   ou   des bâtiments et ouvrages de la place d
        (l'entretien   ou de (indiquer l'établissement)
pendant les années 19   à 19   incluse.

A   , le   19 .

(Signature.)

Modèle n° 11.

Art. 25 de l'instruc-
tion relative aux
marchés.

Références présentées par M. (nom, prénoms, qualité, domicile).

ANNÉES	DÉSIGNATION DES TRAVAUX EXÉCUTÉS.			INGÉNIEURS OU ARCHITECTES AYANT DIRIGÉ LES TRAVAUX.		
	Localité.	Nature des travaux.	Montant.	Noms.	Qualité.	Adresses.
1	2	3	4	5	6	7

A   , le   19   .

(Signature.)

MINISTÈRE
DE LA GUERRE

PLACE
d

ou
ÉTABLISSEMENT
d

Service d

RÉPUBLIQUE FRANÇAISE

MODÈLE N° 12.

Art. 31 de l'instruc-
tion relative aux
marchés.

PROCÈS-VERBAL

de la séance préparatoire à l'adjudication des travaux à exécuter
place (ou établissement)
pour { *la construction de* (désigner l'ouvrage)
ou pour l'entretien des bâtiments et ouvrages de ladite
place (ou établissement)
pendant les années 19   à 19   incluse.

L'an mil neuf cent   , le   , à l'heure
de

Nous, maire de la ville de   (*ou adjoint ou conseiller*
municipal remplaçant le maire empêché), agissant en vertu d'une
décision du Ministre de la guerre en date du   ,
qui prescrit de procéder à l'adjudication des travaux de
dépendant du service de   à exécuter pour la
construction de (indiquer l'ouvrage)
ou pour l'entretien { des bâtiments et ouvrages de ladite place
ou de (indiquer l'établissement)
pendant les années 19   à 19   incluse.

Réuni dans une des salles de   à M. (nom et qualité
du chef du service) de   et à M.   ;

Vu les affiches apposées à la date du   et (quand il
y a lieu) les insertions faites le   et le
dans   à l'effet d'annoncer ladite adjudication et le
délai de production des déclarations d'intention de soumissionner ;

Avons procédé comme il suit, en vue de statuer sur l'admission
des candidats à l'adjudication :

M. le (indiquer le chef du service)   a déposé
sur le bureau toutes les pièces du marché comprenant   ,
la liste des candidats à l'adjudication arrêtée le

et les pièces déposées par eux, savoir, outre la déclaration d'intention de soumissionner :

M. A...

Le chef du service communique à la commission les renseignements recueillis par lui sur l'aptitude générale, la moralité commerciale et la solvabilité des candidats, ainsi que le répertoire des entrepreneurs et fournisseurs exclus des adjudications et marchés du Département de la guerre.

Tous les documents présentés ayant été examinés par chaque membre de la commission, et (le cas échéant) MM.
et   , candidats à l'adjudication, ayant été entendus en leurs explications,

MM.

dont les pièces ont été jugées complètes et régulières, et qui paraissent présenter des garanties suffisantes, ont été admis par nous à concourir à l'adjudication.

Les candidats dont la liste est ci-après, savoir :

MM.

n'ont pas été admis à concourir.

Fait et clos à   , les jour, mois et an que dessus, le présent procès-verbal, que M. le (indiquer le chef du service)   et M. le   ont signé avec nous en deux originaux, après lecture.

(Signatures.)

Modele nº 13

Art. 13 et 33 de l'ins-
truction   relative
aux marchés.

Format :
0ᵐ,176 ✕ 0ᵐ.250

SOUMISSION (1).

Je soussigné (nom, prénoms et qualité)
demeurant à   , arrondissement d   ,
département d   , déclare avoir pris parfaite connaissance
de toutes les pièces du marché relatif aux travaux à exécuter
pour { l'entre- { la construction de des bâtiments et ouvrages de la place de
     { tien   { de (indiquer l'établissement)
pendant les années 19   à 19   incluse.

Je m'engage à faire exécuter loyalement les ouvrages de toute
nature compris dans { ces travaux / le lot nº } en me soumettant, sans
aucune exception ni restriction, pour leur exécution, achèvement
et garantie, à toutes les conditions générales et particulières stipulées aux différentes pièces du marché (hors le cas de marché
par adjudication, ajouter : *signées par moi à la date de la présente soumission*) moyennant { un rabais / ou une surenchère } uniforme
et général (e) de (en toutes lettres)   pour cent [(en
chiffres) p. 100] sur les prix portés { au devis / à la série } concernant
cette entreprise.

Pour le cas où je serais déclaré adjudicataire, je consens à
verser, à titre de cautionnement, dans un délai de quinze jours
à dater de la notification de l'approbation des résultats de l'adjudication, une somme de

Conformément aux dispositions du décret du 20 juin **1916**, je
demande que les sommes qui me seront dues en exécution du
présent marché soient portées au crédit du compte ouvert à mon
nom à la (trésorerie de..... ou banque de.....), sous le nº.....

En foi de quoi, j'ai apposé ma signature sur la présente soumission.

A   , le   19 .

(Signature.)

---

(1) La soumission doit être faite sur papier timbré, sous peine de
l'amende prévue par la loi.

MODÈLE Nº 14.

Art. 22 et 33 de l'ins-
truction relative
aux marchés.

Format tellière :
0,215 × 0,325

Les expéditions à timbrer
sont rognées au format :
0,210 × 0,297.

MINISTÈRE
DE LA GUERRE

PLACE
d
ou
ÉTABLISSEMENT
d

Service d

RÉPUBLIQUE FRANÇAISE

PROCÈS-VERBAL

d'adjudication de tra- (*la place d*
vaux à exécuter dans (*ou l'établissement d*
          (*la construction de*
pour { *l'entre-* { *des bâtiments et ouvrages de ladite place*
       (*tien* { *de l'établissement d*
pendant les années 19   à 19   incluse.

L'an mil neuf cent   , le   , à   heures du   ,
Nous, maire de la ville de   (adjoint *ou* conseiller
municipal remplaçant le maire empêché), agissant en vertu
d'une décision du Ministre de la guerre en date du   ,
qui prescrit de procéder à l'adjudication des travaux de
dépendant du service d   à exécuter
         (la construction d (indiquer l'ouvrage)
pour { l'entre- { des bâtiments et ouvrages de la place de
       (tien (de l'établissement (indiquer l'établissement)
pendant les années 19   à 19   incluse ;
    Réuni en séance publique dans l'une des salles de
à M. (qualité du chef du service)   de   et
à M.   , sous-intendant militaire ;
    Vu les affiches apposées à la date du   et (quand
il y a lieu) les insertions faites le   et le
dans   à l'effet d'annoncer ladite adjudication
pour le jour, l'heure et le lieu ci-dessus désignés (quand il y aura
lieu, on ajoutera : les délais de publication ayant été réduits
à   jours, vu l'urgence, par décision ministérielle en date
du   ) ;
    Avons constaté comme il suit les circonstances et le résultat de
la séance :

    Ayant déclaré la séance ouverte, nous avons exposé l'objet de
la réunion et nous avons déposé sur le bureau le pli cacheté

dans lequel, d'après la déclaration du chef du service, se trouve le prix-limite arrêté par le Ministre.

M. le (indiquer le chef du service)   a ensuite déposé sur le bureau toutes les pièces du marché comprenant
avec un exemplaire des affiches et autres pièces constatant les publications qui ont eu lieu, ainsi que la liste des concurrents admis à concourir et des pièces déposées par eux.

Nous avons appelé à haute voix chacun des candidats et réclamé de chacun d'eux, ou de leur fondé de pouvoir, le dépôt du pli exigé pour le concours.

M.   s'étant présenté comme mandataire de M.   et n'ayant pu produire de pouvoirs réguliers, le dépôt du pli dont il était porteur n'a pas été accepté.   *S'il y a lieu.*

Nous avons fait une seconde fois l'appel des candidats qui n'ont pas répondu à cette première lecture en leur demandant leurs soumissions et déclarant que les soumissions ne seraient plus acceptées.   *S'il y a lieu.*

Se sont successivement présentés dans l'ordre suivant et ont déposé le pli dont il s'agit :

MM.

Ces plis ont été numérotés par lot dans l'ordre où ils ont été reçus par nous.

M.   n'ayant pas produit le récépissé du versement de dépôt de garantie stipulé par le cahier des charges spéciales, a été exclu du concours et la (ou les) soumission par lui déposée lui a été immédiatement rendue par nous sans avoir été décachetée.   *S'il y a lieu.*

Les enveloppes contenant les soumissions ont été successivement ouvertes par nous, par lot et dans l'ordre des numéros, et nous avons donné lecture à haute voix des soumissions qu'elles renfermaient.

(T) Toutes les soumissions ayant été reconnues régulières, leur classement a donné les résultats consignés dans le tableau ci-après (inscrire les concurrents dans l'ordre des moins-disants, et, en cas d'égalité d'offres, dans l'ordre des numéros de dépôt des soumissions) :

NUMÉROS et NATURE DES LOTS.	NOMS ET PRÉNOMS des CONCURRENTS.	OFFRES FAITES. pour 100.		OBSERVATIONS
		Rabais	Surenchè-res	
1er *lot.* — Terrassement..				

I. — Toutes les soumissions ont été reconnues régulières.

1er CAS. — *Adjudication sans prix-limite. — L'offre la plus avantageuse est unique.*

En conséquence, nous avons déclaré (Z) adjudicataire, comme ayant fait les offres les plus avantageuses pour l'Etat :

M. , moyennant un rabais ou une surenchère de (en toutes lettres, puis en chiffres) p. 100 des travaux du 1er lot :

à exécuter pour { la construction de (indiquer l'ouvrage) { des bâtiments et ouvrages de la place de { l'entretien { des bâtiments de (indiquer l'établissement)

pendant les années 19 à 19 incluse.

Cette adjudication n'a été prononcée par nous, et nous en avons informé MM. que sous la réserve de l'approbation de M. le Ministre de la guerre ou de délégué.

Aucune réclamation n'a été présentée.

Séance tenante, nous avons fait signer à MM.

adjudicataires, les diverses pièces du marché déposées sur le bureau ; nous les avons également signées avec M. le (chef du service) et M. le sous-intendant militaire.

Au moment de la clôture des opérations, M. est absent et n'est pas représenté. } S'il y a lieu.

Au moment de la clôture des opérations, M. a refusé de signer le procès-verbal de l'adjudication et les pièces du marché. } S'il y a lieu.

(W) Fait et clos les jour, mois et an que dessus, le présent procès-verbal, que M. le (désigner le chef du service) , M. le sous-intendant militaire, ainsi que MM. adjudicataires, ont signé avec nous en deux originaux, après lecture.

(Signatures.)

2ᵉ CAS. — *Adjudication avec prix-limite.* — *L'offre la plus avantageuse est unique et acceptable.*

Ces offres ne sortant pas des limites fixées par le Ministre, ainsi que nous l'avons constaté après avoir ouvert le pli cacheté contenant l'indication de ces limites, nous avons déclaré (Z) (le reste comme au 1ᵉʳ cas, à partir de (Z).

3ᵉ CAS. — *L'offre la plus avantageuse est faite par plusieurs concurrents.*

L'offre la plus avantageuse étant faite pour le ᵉ lot par (nombre) concurrents, nous en avons informé le public et nous avons invité lesdits concurrents, MM. à faire, séance tenante, dans un délai de (en toutes lettres) minutes (Y) de nouvelles offres plus avantageuses pour l'État sur leurs soumissions, que nous leur avons remises à cet effet.

A l'expiration de ce délai, nous avons invité les concurrents ci-dessus à nous remettre les soumissions modifiées ou non.

Toutes les soumissions nous ont été remises ; leur dépouillement a donné les résultats suivants :

Toutes les nouvelles soumissions ayant été reconnues régulières, leur classement a donné les résultats (T) (le reste comme
au début à partir de (T).

4ᵉ CAS. — *Adjudication avec prix-limite. — Offres régulières,
mais toutes inacceptables.*

Les offres faites n'ont pu être acceptées, attendu qu'aucune
d'elles ne se trouve dans les limites fixées par le Ministre de la
guerre, ainsi que nous l'avons constaté après avoir ouvert le pli
cacheté contenant l'indication de ces limites.

Nous avons alors invité tous les concurrents présents à faire,
séance tenante et dans un délai de (en toutes lettres)
minutes (Y) (continuer comme au 3ᵉ cas, à partir de (Y).

Aucune soumission n'étant acceptable, nous avons déclaré qu'il n'y avait pas lieu à adjudication (V) et la séance est levée.

> Dans le cas où cette nouvelle épreuve ne fournirait pas d'offres accep-tables.

(Continuer après V ci-dessus)
et annoncé l'ouverture du concours prévu par les avis au public, en cas d'insuccès de l'adjudication.
La séance est levée.

> Si l'ouverture d'un concours à la suite d'une adjudication in-fructueuse a été annoncée par les affiches.

Fait et clos les jour, mois et an que dessus, le présent procès-
verbal, que M. le (désigner le chef du service)
et M. le sous-intendant militaire ont signé avec nous en deux
originaux, après lecture.

II. — Il y a des soumissions irrégulières

Après le tableau des soumissions, continuer, suivant le cas, par :

La fraction portée { au rabais / à la surenchère } dans la soumission de M.
étant autre que le dixième d'unité :
le rabais a été réduit } à p. 100,
la surenchère a été portée }
conformément à l'article 13 de l'instruction relative aux marchés du Département de la guerre.

. . . .

. . . .

Les soumissions de MM.
ayant été ainsi rectifiées, nous avons déclaré (Z) (la suite comme au 1er cas, à partir de (Z).

> Si les offres sont formulées avec plus de une décimale.

La soumission de M. ne s'appliquant qu'à une partie des prix du marché, ceux qui concernent (spécifier la partie du travail) a été déclarée nulle et non avenue et M. , exclu du concours, en vertu de l'article 13 de l'instruction relative aux marchés du Département de la guerre.

. . . .

. . . .

Les soumissions de MM.
ayant été annulées, nous avons déclaré (Z) (le reste comme au 1er cas, à partir de (Z).

> Si les offres comportent des restrictions.

> Signaler de même les irrégularités et les exclusions en résultant.

III. — Il se produit des réclamations.

Dans le cas de réclamations, on les constatera au lieu où elles se sont produites ; on rappellera les explications données et les décisions prises.

On terminera comme il suit, après W, 1er cas :

Fait et clos à   , les jour, mois et an que dessus, le présent procès-verbal que M. (indiquer le chef du service)   , M. le sous-intendant militaire, ainsi que MM.   , adjudicataires, et MM.   qui ont présenté des réclamations, ont signé avec nous en deux originaux, après lecture.

(Signatures.)

Modèle nº 15.

Art. 70 de l'instruction
relative aux marchés.

CAISSE DES DÉPOTS ET CONSIGNATIONS.

CAUTIONNEMENTS PROVISOIRES.

ACTE

d'affectation de cautionnement provisoire pour soumission de travaux, fournitures ou transports au compte de l'Etat.

Entre les soussignés :

Le directeur général de la Caisse des dépôts et consignations (ou le trésorier-payeur général, ou le receveur particulier, ou tout autre comptable compétent) agissant au nom de ladite caisse, d'une part,

Et M. (nom, prénoms, qualité et demeure du titulaire de l'inscription), d'autre part,

A été convenu et arrêté ce qui suit .

M.   à la garantie de la soumission qu'il se propose de faire du marché de   au compte et dont l'adjudication doit avoir lieu le

Déclare par ces présentes qu'il affecte volontairement à titre de nantissement et de cautionnement   inscription de rente   sur l'Etat lui appartenant   p. 100 de la somme de (en toutes lettres)   nº   série jouissance du   figurant sur le grand-livre de la Dette publique dont   l   extrait   origin   été remis avec le présent au trésorier-payeur général (ou trésorier-payeur, receveur particulier ou payeur particulier).

En conséquence, M.   dans le cas où il serait adjudicataire, consent   que   ce   inscription réponde jusqu'à concurrence de la somme de montant du cautionnement fixé par le cahier des charges.

S'engageant à réaliser le présent cautionnement en cautionnement définitif dans le délai de   à partir de l'adjudication, terme fixé par le cahier des charges et à souscrire à cet effet conformément à l'article 8 du décret du 18 novembre 1882, une nouvelle déclaration d'affectation de la rente et à donner à la Caisse des dépôts et consignations un pouvoir irrévocable à l'effet d'aliéner ladite rente s'il y a lieu,

Fait double entre les parties à   , le

Pour le Directeur général :

MODÈLE N° 16.

Art. 70 de l'instruction
relative aux marchés.

CAISSE DES DÉPOTS ET CONSIGNATIONS.

CAUTIONNEMENTS DÉFINITIFS.

ACTE

*d'affectation de cautionnement de travaux, fournitures
ou transports au compte de l'Etat.*

Entre les soussignés :

Le directeur général de la Caisse des dépôts et consignations
(ou le trésorier-payeur général, ou le receveur particulier, ou
tout autre comptable compétent) agissant au nom de ladite
caisse, d'une part,
Et M.   , d'autre part,

A été convenu ce qui suit :

M.   a été déclaré adjudicataire des
                    et a été assujetti en cette qualité à un
cautionnement de   réalisable en rentes sur
l'Etat.

Pour ces motifs, M.   déclare, par ces présentes,
qu   affecte volontairement à titre de nantissement et de cautionnement en garantie de l'exécution dudit marché   inscription   de rente   sur l'Etat lui appartenant
          p. 100 de la somme (en toutes lettres)
n°   série   jouissance du   figurant sur
le grand-livre de la Dette publique dont l'extrait original a été
remis avec le présent.

En conséquence, M.   consent :

1° Que   ce   inscription   réponde   jusqu'à concurrence de la somme de   , montant
du présent cautionnement de la bonne et complète exécution de

tous engagements susdésignés à partir de la date de la signature
de   marché jusqu'après la réception des
          par   entrepris et le règlement définitif
de tous les comptes y relatifs ;

2° Qu'elle   soi   grevée   d'opposition de la part de la
Caisse des dépôts et consignations pour en arrêter le transport ;

3° Que, dans le cas où, par suite soit d'inexécution ou de mauvaise exécution de   engagement   soit d'une infraction quelconque aux clauses et conditions de   marché il   serai
reconnu   débiteur   et passible   de la retenue de tout ou
partie de   cautionnement   à titre de dommages-intérêts ou
pour toute autre cause, toujours à raison de   entreprise   ,
ce   inscription   soi   vendue   en tout ou en partie,
pour le prix à en provenir être versé en acquit et jusqu'à
concurrence de la somme due en principal, intérêts et frais,
entre les mains du caissier général de la Caisse des dépôts et
consignations.

Qu'à cet effet, immédiatement après le   règlement   des
comptes de   fait d'office administrativement
tant en   présence   qu'en   absence et sans qu'il
soit besoin d'aucun acte judiciaire ce   inscription   soi
vendue   en la forme ordinaire en vertu d'une décision de M. le
Ministre des finances et que le transfert en soit fait et signé par
le directeur général, auquel, le cas échéant, M.
donne   , en tant que besoin, pouvoir spécial et irrévocable
tant que durera le présent cautionnement.

Ce qui a été accepté par M. le directeur général!

Fait double entre les parties à   , le   .

Pour le Directeur général :

MODÈLE Nᵒ 17.
—
Art. 70 de l'instruction
relative aux marchés.

MODÈLE DE PROCURATION.

Nom, prénoms, qualité et demeure du
constituant,

Nom, prénoms, qualité et demeure du
mandataire,

Pouvoir de, pour et au nom du constituant, opérer le dépôt
à la Caisse des dépôts et consignations de toutes inscriptions de
rentes sur le grand-livre de la Dette publique de France, appartenant audit constituant (ou telle inscription qui sera déterminée), en nantissement et garantie des engagements dudit
constituant (ou de telle personne désignée), comme (indiquer
ici ces engagements) et affecter spécialement ladite inscription
au cautionnement dont ledit constituant (ou la personne désignée) est tenu en sa dite qualité ; à cet effet, signer et passer
avec la Caisse des dépôts l'acte d'affectation dans les termes
formulés par ladite Caisse, faire toute élection de domicile pour
l'exécution dudit acte.

Donnant expressément audit mandataire le pouvoir de con-
férer au directeur général de la Caisse des dépôts le droit de
former opposition sur la rente déposée comme aussi de, pour
et au nom dudit constituant, vendre, en cas de débet mis à sa
charge (ou à la charge de la personne désignée), l'inscription
par lui affectée à la garantie desdits engagements, pour le prix
à provenir de la vente être appliqué à couvrir le débet en principal, intérêts et frais, et généralement faire tout ce qui pourra
être nécessaire pour régulariser le cautionnement dont il s'agit :
aux effets ci-dessus passer tous actes, élire tout domicile, et
généralement faire et dire tout ce que les circonstances exige-
ront, promettant l'agréer, retirer de la Caisse des dépôts les
bordereaux d'annuel représentatifs des inscriptions déposées et
servant à toucher les arrérages.

Ajouter, si telle est l'intention du constituant :

Lors de la restitution du cautionnement, retirer de la Caisse des dépôts lesdites inscriptions y affectées, en donner bonne et valable décharge à ladite caisse, et signer tous reçus à ce nécessaires (1).

A   , le   19 .

---

(1) Quand l'acte sera donné sous seing privé, le constituant, avant d'apposer sa signature, devra écrire de sa main *bon pour pouvoir*.

Modèle n° 18.

Art. 92 de l'instruction
relative aux marchés.

ACTE D'ENGAGEMENT.

Je soussigné (nom, prénoms, qualité, demeure), déclare me
rendre caution personnelle et solidaire de l'exécution du service   dont M.
est titulaire suivant marché du   dans le département (ou l'arrondissement) de   pendant

En conséquence, je m'oblige, comme ledit entrepreneur (ou
fournisseur), à l'exécution de toutes et chacune des clauses de
son marché, jusqu'à concurrence de la somme de

montant de la garantie matérielle représentant le cautionnement
réalisé pour le précédent *service* (ou jusqu'à concurrence de la
somme de
formant le nouveau cautionnement si celui-ci est inférieur à
l'ancien), et ce, jusqu'à ce que ce cautionnement étant devenu
libre, ait été appliqué au marché actuel, ou jusqu'à ce que l'entrepreneur (ou le fournisseur) ait régulièrement fourni un autre
cautionnement de même valeur.

Fait à   , le

(Signature.)

Vu pour la légalisation de la signature de M.

Le Maire de la ville de

(Signature.)

Vu pour la légalisation de la signature de M. le Maire de

Le Préfet (ou le Sous-Préfet),

(Signature.)

Accepté pour caution solidaire par nous, Directeur du service
de

A   , le

(Signature).

— 150 —

Modèle Nº 19.
—
Art. 99 de l'instruction
relative aux marchés.

Bordereau des salaires normaux.

NUMÉROS du BORDEREAU.	PROFESSIONS.	PRIX de L'HEURE ou de la journée.	DURÉE NORMALE du travail journalier.	OBSERVATIONS.

<table>
<tr><td>GOUVERNEMENT MILITAIRE
d
    ou
· CORPS D'ARMÉE.</td><td>SERVICE D .</td><td>MODÈLE N° 20 (5).

Art. 111 de l'instruction
relative aux marches.</td></tr>
</table>

PROCÈS-VERBAL.

L'an mil neuf cent   , le   , la
Commission d'appel s'est réunie

Elle est composée de :

MM.   , *président.*
    , membre idoine désigné par le
    , membre idoine désigné par le fournisseur

Assistent à la séance :

   MM. (1).

Le président donne connaissance à la commission :
1° Du pourvoi, en date du   , formé par (2)
         contre   (3)   des (4)

qui vont être énuméré   ;

2° De la décision en date du   par laquelle a été
prononcé l   (3)   qui a donné lieu au pourvoi
dont il s'agit.

Après avoir entendu les explications de M.
chargé de la réception, et de M.   , fournisseur,
reçu l'objet du litige, reçu communication du chef de service
des textes réglementaires, examen fait des (4)   après
en avoir délibéré à huis clos, la commission a rendu la décision
consignée au tableau d'autre part.

---

(1) Indiquer les personnes (officiers et fonctionnaires, fournisseur ou
son représentant, etc.) dont le concours aura été demandé pour éclairer
le jugement de la commission.
(2) Chef du service *ou* fournisseur.
(3) Rejet *ou* admission.
(4) Denrées, produits, matières *ou* objets.
(5) Dans le cas exceptionnel où la commission d'appel tiendrait plusieurs séances, le modèle n° 20 servirait de guide; le procès-verbal étant
rédigé suivant les circonstances.

NATURE des soumis à la commission.	MOTIFS QUI ONT MOTIVÉ le rejet ou qui s'opposent à l'admission.	QUANTITÉS de (1) contre (2) desquelles il est fait appel.	DÉCISION DE LA COMMISSION. Quantités			MOTIFS DE LA DÉCISION de la commission.
			admises.	rejetées.	ajour-nées.	
1	2	3	4	5	6	

De tout quoi nous avons rapporté le présent procès-verbal, qui a été signé par les membres de la commission d'appel, le (3).

---

(1) Denrées, produits, matières ou objets.
(2) Rejet *ou* admission.
(3) Indiquer les personnes, officiers et fonctionnaires, fournisseur ou son représentant, chef du service, etc.

POURVOI D (1).

AVIS DU CHEF DU SERVICE (2).

AVIS DU DIRECTEUR DU SERVICE.

DÉCISION DU MINISTRE.

---

(1) Chef du service *ou* fournisseur. S'il n'y a pas d'appel contre la décision de la commission d'appel, celte page n'est pas remplie.
(2) En cas seulement de pourvoi du fournisseur.

RÉSUMÉ DE LA DÉCISION DÉFINITIVE.

NATURE des (1) qui font l'objet du pourvoi.	QUANTITÉS de (1) contre l (2) desquel l (3) s'est pourvu.	DÉCISION DU MINISTRE Quantités			MOTIFS DE LA DÉCISION de la commission.
		admises.	rejetées.	ajournées	
1	2	3	4	5	

(1) Denrées. produits. matières *ou* objets.
(2) Rejet *ou* admission.
(3) Chef du service *ou* fournisseur.

MODÈLE Nº 21.
—
Art. 115
de l'instruction
relative aux marchés.

MINISTÈRE
DE LA GUERRE

EXERCICE 19 .
—
ᵉ SECTION.
—
Chap.

Art.   (1)

(1) Désignation de l'éta-
blissement.

(2) Désignation du four-
nisseur *ou* de l'entrepreneur.

SERVICE D

ÉTAT

portant décompte des pénalités encourues par M. (2)

pour retards dans l'exécution d'un marché

en date du   *ayant pour objet*

| NUMÉROS de la classification | | DÉSIGNATION des OBJETS LIVRÉS. | UNITÉ RÉGLE-MEN-TAIRE. | QUANTI-TÉS. | PRIX de L'UNITÉ. | MONTANT | DATES des LIVRAISONS. | DATES auxquelles les LIVRAISONS devaient être faites. |
sommaire.	détaillé.							

TOTAUX ....

| NOMBRE DE JOURS de retard. | A DÉDUIRE DU RETARD | | NOMBRE DE JOURS de retard sur lesquels porte la pénalité. | PÉNALITÉS ENCOURUES | | | | OBSERVA-TIONS. |
	pour sursis (1).			par mille francs et par jour.	pour cent.	par-tielles.	totales.	
								(1) Indiquer la décision qui a accordé le sursis.

A   , le   19   .

L

DÉCISION

———

MINISTÈRE DE LA GUERRE	RÉPUBLIQUE FRANÇAISE.	MODÈLE N° 22.

(1) Désignation de l'établissement.

(2) La présente feuille de propositions doit toujours être accompagnée d'un état décompté donnant le détail des pénalités encourues.

SERVICE D

(1)

Art. 115 de l'instruction relative aux marchés.

PROPOSITIONS

concernant des pénalités encourues dans l'exécution d'un marché.

Désignation de l'entrepreneur *ou* du fournisseur..

Objet du marché.........

Date du marché....... ...

Importance approximative du marché..............

Montant des pénalités encourues (2) :

OBSERVATIONS DE L'ENTREPRENEUR.

A , le 19

Nota. — Lorsque l'entrepreneur ou le fournisseur ne présente pas d'observations, le chef de service prononce au nom du Ministre l'application définitive des pénalités, et il n'en résulte aucun retard pour l'émission des mandats sur lesquels celles-ci doivent être précomptées.

Lorsque l'entrepreneur demande qu'il lui soit fait remise partielle ou totale des pénalités, il doit justifier de circonstances importantes et imprévues ayant entraîné le retard et la présente feuille de propositions, accompagnée de l'état décompté des pénalités, est adressée au Ministre, qui décide. L'émission des mandats sur lesquels les pénalités doivent être précomptées étant suspendue jusqu'à ce que le Ministre ait statué, il peut arriver que les payements pour solde ne puissent pas être ordonnancés avant la clôture de l'exercice. Afin d'éviter, autant que possible, l'ordonnancement au titre des exercices clos, la demande d'exonération doit être examinée rapidement par chacune des autorités appelées à émettre un avis.

AVIS DU CHEF DE SERVICE.

A   , le   19 .

L

NOTA. — Ne pas omettre de faire connaître si le service a souffert du retard.
Examiner avec soin si les circonstances invoquées par l'entrepreneur ou le fournisseur sont dûment prouvées et si elles ont été manifestement la cause du retard.
Il ne peut être émis d'avis favorable lorsque le retard s'applique à des fournitures faites en remplacement de fournitures refusées.

AVIS DU DIRECTEUR DU SERVICE (1).

A   , le   19 .

L

PROPOSITIONS DE LA DIRECTION TECHNIQUE
DE L'ADMINISTRATION CENTRALE.

A Paris, le   19 .

L

AVIS DE LA DIRECTION DU CONTROLE

A Paris, le   19

Le Directeur du Contrôle,

AVIS DE LA DIRECTION DU CONTENTIEUX
ET DE LA JUSTICE MILITAIRE.

A Paris, le   19 .

Le Directeur du Contentieux et de la Justice militaire,

DÉCISION DU MINISTRE.

____

Modèle N° 23.

Art. 117 de l'instruction relative aux marchés.

RÉPERTOIRE

des entrepreneurs et fournisseurs exclus des adjudications et marchés,

NOM (1)	PRÉNOMS	PRO-FESSION	DOMICILE	DATE de L'EXCLUSION	OBSER-VATIONS (2)
1	2	3	4	5	6
Aciéries (Société générale des).	»	Maître de forges.	Nancy, 15, rue de l'Eou,	27 juin 1907.	
~~Agambre...~~	~~Paul Émile.~~	~~Marchand de bois.~~	~~Paris, 277, boul. Saint-Germain.~~	~~15 mai 1901.~~	Réadmis aux adjudications par décision du 17 oct. 1907

(1) Dans l'ordre alphabétique.

(2) Toutes indications particulières ayant trait à l'exclusion, y compris, le cas échéant, la date de la réadmission aux adjudications : dans ce dernier cas, un trait est tiré sur le nom.

Dispositions spéciales aux sociétés alsaciennes-lorraines.

Circulaire relative à l'admission des sociétés alsaciennes-lorraines aux adjudications et marchés du Département de la guerre.

Paris, le 10 juin 1921.

L'article 10 de l'instruction du 6 juillet 1909 relative aux marchés du Département de la guerre prescrit de n'admettre aux adjudications que les sociétés constituées d'après les lois françaises. Or, tel n'est pas le cas des sociétés ayant leur siège social en Alsace ou en Lorraine qui, ayant été constituées sous le régime des lois et codes allemands, restent soumises aux règles fixées par ces derniers.

D'accord avec M. le Commissaire général de la République en Alsace et en Lorraine, le Ministre a décidé d'admettre ces sociétés aux adjudications et marchés de la guerre par dérogation aux dispositions de l'article 10 précité. Mais cette admission restera subordonnée à la production par les sociétés dont il s'agit d'une pièce authentique établissant qu'elles sont inscrites à l'un des six registres de commerce tenus aux tribunaux de bailliage de Mulhouse, Colmar, Strasbourg, Saverne, Metz ou Sarreguemines. La non-inscription à ces registres signifie, en effet, que le commerçant ou l'industriel n'offre pas toujours les garanties désirables et qu'en tout cas il ne se conforme pas aux prescriptions judiciaires en vigueur. Les producteurs agricoles ne sont pas toutefois soumis à l'obligation de cette inscription.

Les différents types de sociétés avec lesquelles l'administration de la guerre peut être ainsi amenée à traiter sont les suivants :

1° La _Société par actions_ (Aktiengesellschaft), d'un caractère analogue aux sociétés anonymes françaises à un ou plusieurs directeurs dont la signature engage la responsabilité de la société. Ces sociétés doivent indiquer obligatoirement qu'elles sont des sociétés par actions.

2° La _Société en commandite par actions_ (Kommanditaktiengesellschaft) est une société analogue au type des sociétés qui portent le même nom en France. La signature du gérant ou directeur engage la société et sa fortune personnelle.

3° La *Société à responsabilité limitée* (Gesellschaft mit beschränkter Haftung) n'a pas son équivalent dans l'intérieur de la France. Les associés ne sont responsables que jusqu'à concurrence des parts qu'ils ont prises; le gage du co-contractant est limité au capital social. Pour ces motifs, avant de traiter avec une société de cette nature, les chefs de service devront s'enquérir de l'importance du capital social et demander, au besoin, un certificat du greffier du tribunal de bailliage compétent.

Les *sociétés en nom collectif, en commandite* ou *en participation* sont sensiblement pareilles à celles du droit français. Toutefois, il convient de remarquer que ces sociétés doivent toujours accuser au moins un *nom de famille dans leur raison sociale.*

La *Société minière* (Gewerkschaft) est un autre type de société. La responsabilité de ces sociétés est engagée par la signature du directeur. Elles ressemblent dans leurs manifestations extérieures aux sociétés par actions.

Les *sociétés coopératives* sont analogues aux coopératives françaises à capital variable. Ces coopératives ne peuvent agir qu'en tant qu'elles sont inscrites aux registres des coopératives tenus par les tribunaux de bailliage cités plus haut.

TABLE DES MATIÈRES

de l'instruction relative aux marchés du Département
de la guerre.

———

Pages

AVANT-PROPOS. 1

Articles.

1. Dispositions générales 7

TITRE Ier.

Marchés par adjudication.

———

CHAPITRE Ier.

RÈGLES COMMUNES A TOUTES LES ADJUDICATIONS. — PUBLICITÉ.

2. Des différentes espèces d'adjudications. 8
3. Composition des commissions d'adjudication................... 9
4. Annonce des adjudications.................................... 9
5. Avis d'adjudication. 10
6. Insertion gratuite des avis d'adjudication...................... 11
7. Délais de publication.. 11
8. Envois à faire à diverses autorités............................ 12
9. Pièces à communiquer aux candidats......................... 13

CHAPITRE II.

RÈGLES APPLICABLES AUX ADJUDICATIONS SIMPLES.

10. Pièces exigées pour concourir aux adjudications.............. 14
11. Justifications dont sont dispensés les candidats ayant déjà dé-
    posé les pièces exigées en vue d'une adjudication du Dépar-
    tement de la guerre.. 15
12. Délivrance de certificats de dépôt des pièces exigées et conser-
    vation de ces pièces.. 16
13. Etablissement des soumissions. 18
14. Pièces qui doivent être annexées aux soumissions............. 19
15. Dépôt des soumissions. 20
16. Obligations résultant du dépôt d'une soumission............... 21
17. Séance d'adjudication. 22
18. Cas de nouveau concours..................................... 25
19. Réclamations. — Protestations. 27
20. Approbation et acceptation des résultats du concours........... 27
21. Communication des résultats de l'adjudication... 28
22. Procès-verbal d'adjudication. 28

Articles.	Pages.
23. Date à partir de laquelle courent les délais d'exécution..........	30
24. Insuccès d'une adjudication publique simple. — Concours consécutif.	30

CHAPITRE III.

RÈGLES APPLICABLES AUX ADJUDICATIONS RESTREINTES.

SECTION Iʳᵉ. — *Opérations précédant la séance d'adjudication.*

25. Déclarations et références à produire pour prendre part aux adjudications restreintes.	31
26. Pièces à produire pour prendre part à une adjudication restreinte.	33
27. Justifications dont sont dispensés les candidats à plusieurs adjudications.	35
28. Clôture de la liste des demandes d'admission....................	36
29. Visite des usines, manufactures, ateliers, etc...................	37
30. Composition de la commission d'admission....................	37
31. Rôle de la commission d'admission...........................	38
32. Notification des décisions de la commission d'admission........	39

SECTION II. — *Opérations de l'adjudication proprement dite.*

33. Séance d'adjudication.	39
34. Constitution d'un cautionnement provisoire....................	40
35. Insuccès d'une adjudication publique restreinte. — Concours consécutif.	40

CHAPITRE IV.

RÈGLES APPLICABLES AUX ADJUDICATIONS PROVISOIRES.

36. Cas d'adjudication provisoire. Dépôt de nouvelles offres........	
37. Séance de réadjudication à la suite d'offres de rabais sur les prix d'une adjudication provisoire...........................	42
38. Procès-verbal de l'opération.	42

CHAPITRE V.

ADJUDICATIONS SUR CONCOURS D'ÉCHANTILLONS ET DE PRIX.

39. Prix-limite. — Dépôt et examen des échantillons...............	42
40. Séance d'adjudication.	44

TITRE II.

Marchés de gré à gré.

41. Disposition générale.	45
42. Garanties à exiger des concurrents...........................	46
43. Mode de passation des marchés de gré à gré................ ...	46

Articles.   Pages.

44. Dispositions spéciales aux marchés de gré à gré passés par voie de concours sur projets.................................... 47

45. Dispositions spéciales aux marchés de gré à gré passés à la suite d'un concours consécutif............................ 49

46. Dispositions spéciales aux marchés de gré à gré passés à la suite d'une adjudication infructueuse ou d'un concours consécutif n'ayant pas donné de résultats 50

TITRE III.

Marchés par conversion ou par transformation.

47. Dispositions générales. 50

48. Des marchés par conversion de vieilles matières............. 51

49. Cautionnements spéciaux aux marchés par conversion de vieilles matières. 53

50. Justification des prix de cession des vieilles matières.......... 53

51. Mesures à prendre en cas de résiliation des marchés par conversion. 54

52. Des marchés par transformation de matières neuves........... 54

TITRE IV.

Prix-limites.

53. Définition du prix-limite; adjudications qui en comportent...... 55

54. Etablissement provisoire des prix-limites...................... 55

55. Délai d'envoi des comptes rendus de prix-limites.............. 56

56. Autorités qui arrêtent définitivement les prix-limites.......... 56

57. Modifications des prix-limites par suite de variation des cours. 56

58. Adjudications de marchés de fournitures ou de transport : renseignements à consigner dans le tableau des comptes rendus de prix-limites. 57

59. Adjudications de marchés de fournitures par conversion : détermination de la soulte-limite. 59

60. Adjudications de marchés de travaux : règles concernant les prix-limites des différentes espèces de marchés de travaux : 60

   § 1. — Marchés de travaux d'entretien.................... 60

   § 2. — Marchés de vidanges......................... 62

   § 3. — Marchés passés sur devis ou sur série de prix et autres que ceux d'entretien et de vidanges...... 62

   § 4. — Marchés à forfait........................ 63

61. Prescriptions spéciales aux différents services de l'intendance et au service de santé................................ 63

62. Mode d'envoi des comptes rendus de prix-limites.............. 65

TITRE V.

Cautionnements.

63. Nature des garanties exigées.................................. 65

64. Mode de réalisation.. 66

CHAPITRE I".

GARANTIES PÉCUNIAIRES.

SECTION I". — *Règles communes aux cautionnements provisoires et aux cautionnements définitifs.*

Articles.   Pages.

65. Versement des cautionnements à la Caisse des dépôts et consignations. 67
66. Avis des adjudications et des marchés donnés à la Caisse des dépôts. 68
67. Différents modes de réalisation des garanties pécuniaires 68
68. Mode de calcul de la valeur des rentes et des titres affectés aux cautionnements. 68
69. Cautionnements en numéraire, en rentes ou valeurs du Trésor au porteur. 69
70. Cautionnement en rentes nominatives ou mixtes 70
71. Bailleurs de fonds. — Privilège du second ordre 70
72. Modifications à la composition des cautionnements 70
73. Oppositions sur les cautionnements 71

SECTION II. — *Règles particulières aux cautionnements provisoires.*

74. Versement des cautionnements provisoires 71
75. Destination à donner aux récépissés et, le cas échéant, aux actes d'affectation. 71
76. Conservation des cautionnements provisoires 72
77. Restitution des cautionnements provisoires aux soumissionnaires. 72
78. Restitution des cautionnements provisoires aux adjudicataires qui constituent un cautionnement définitif distinct 72
79. Attribution à l'État des cautionnements provisoires lorsque l'adjudicataire ne réalise pas son cautionnement définitif 73

SECTION III. — *Règles particulières aux cautionnements définitifs.*

80. Constitution du cautionnement définitif. — Conversion du cautionnement provisoire. 73
81. Nécessité d'opérer la conversion sans retard 74
82. Intérêts des cautionnements définitifs en numéraire 74
83. Cautionnements définitifs en rentes ou valeurs. — Payement des arrérages. 75
84. Droits de garde. 75
85. Cautionnement définitif constitué par la retenue du premier dixième du montant des marchés 75

CHAPITRE II.

AFFECTATIONS HYPOTHÉCAIRES.

86. Formalités relatives aux cautionnements constitués en immeubles. 77

CHAPITRE III.

CAUTION PERSONNELLE SOLIDAIRE.

87. Acceptation et obligations de la caution personnelle solidaire 78

CHAPITRE IV.

DÉPÔTS DE MATIÈRES DANS LES MAGASINS DE L'ÉTAT.

Articles.   Pages.
88. 79

CHAPITRE V.

SAISIE, REMBOURSEMENT, CHANGEMENT D'APPLICATION DES CAUTIONNEMENTS DÉFINITIFS.

89. Saisie des cautionnements définitifs........................ 79
90. Remboursement et restitution des cautionnements définitifs.... 79
91. Changement d'affectation des cautionnements définitifs........ 81
92. Dispositions relatives aux cautionnements non libérés ou qui se rattachent à des entreprises ou marchés dont les comptes ne sont pas apurés... 83

TITRE VI.

Timbre et enregistrement.

93. Obligation de l'enregistrement. — Renseignements à fournir sur les mandats délivrés pour le payement de fournitures et de travaux en vertu de marchés ou d'adjudication. — Remboursement des droits... 84
94. Perception des droits d'enregistrement exigibles sur les marchés de travaux publics exécutés au moyen de fonds de concours. 86
95. Timbre et enregistrement des marchés passés dans les pays de protectorat et dans les pays étrangers.................... 86

TITRE VII.

Mesures destinées à favoriser la production nationale.

96. 87

TITRE VIII.

Conditions du travail.

CHAPITRE Iᵉʳ.

RÈGLES RELATIVES A LA MÉTROPOLE.

97. Dispositions générales 88
98. Nature des marchés... 88
99. Détermination des éléments à introduire dans les cahiers des charges. 90
100. Introduction dans les cahiers des charges des éléments déterminés à l'article 99 :
        § 1. — Cahier des charges de travaux.................... 94
        § 2. — Cahier des charges de fournitures............... 94

Articles.   Pages.
101. Revision du taux des salaires et de la durée du travail........ 95
102. Sanctions à prévoir. 97

CHAPITRE II.

RÈGLES RELATIVES A L'ALGÉRIE ET A LA TUNISIE.

103. § 1. — Algérie. . . . .,.... 98
     § 2. — Tunisie. 98

TITRE IX.

Réception des fournitures.

104. Dispositions générales. 98
105. Indemnité de vacation aux membres civils des commissions de ré-
       ception et aux experts civils qui peuvent éventuellement assis-
       ter aux diverses commissions................................. 99
106. Dispositions relatives aux analyses chimiques exécutées à la
       section technique de l'artillerie, à l'atelier de construction de
       Puteaux, à l'atelier de construction de Bourges et à l'Ecole
       centrale de pyrotechnie militaire............................ 99
107. Mesures d'ordre relatives à l'exécution des analyses chimiques. 102

TITRE X.

Commissions d'appel.

108. Objet du présent titre...................................... 104
109. Droit et délais d'appel ou de pourvoi........................ 104
110. Composition des commissions d'appel.......................... 104
111. Fonctionnement des commissions d'appel....................... 106
112. Documents et instruments mis à la disposition des commissions
       d'appel. 107
113. Décisions des commissions d'appel. — Recours au ministre.... 108
114. Frais d'appel. 108

TITRE XI.

Pénalités, Marchés par défaut, Exclusions.

115. Pénalités. 109
116. Marchés par défaut... 111
117. Tenue d'un répertoire des entrepreneurs et fournisseurs exclus
       des adjudications et marchés du Département de la guerre.. 112

TITRE XII.

Dispositions diverses.

118. Prélèvement à opérer sur le montant de certains marchés de
       travaux au profit des asiles de Vincennes et du Vésinet...... 113
119. Dispositions spéciales aux marchés pour achats de fourrages
       verts. 114

| N°^s. | | Pages |
120. Dispositions spéciales aux marchés destinés à assurer des fournitures ou services d'extrême urgence...... 114
121. Dispositions spéciales aux marchés pour fourniture d'appareils brevetés...... 115
122. Délivrance d'acomptes pour matériel non encore livré...... 115

MODÈLES.

1. Affiche d'adjudications de travaux...... 117
2. Avis d'adjudication : formule générale...... 119
3.   —   : service de l'artillerie...... 120
4.   —   : service du génie...... 121
5.   —   : service des subsistances militaires...... 122
6. Certificat de dépôt...... 123
7. Certificat de dépôt (sociétés)...... 125
8. Chemise des pièces déposées...... 127
9. Répertoire des entrepreneurs ou fournisseurs ayant déposé leurs pièces...... 128
10. Déclaration d'intention de soumissionner (travaux)...... 129
11. État de références (travaux)...... 130
12. Procès-verbal de séance préparatoire à une adjudication de travaux...... 131
13. Soumission à une adjudication de travaux...... 133
14. Procès-verbal d'adjudication de travaux...... 135
15. Acte d'affectation de cautionnement provisoire pour soumission de travaux, fournitures ou transports au compte de l'État...... 143
16. Acte d'affectation de cautionnement de travaux, fournitures ou transports au compte de l'État...... 145
17. Modèle de procuration...... 147
18. Acte d'engagement de caution solidaire...... 149
19. Bordereau des salaires normaux...... 150
20. Procès-verbal de séance de commission d'appel...... 151
21. État de décompte de pénalités...... 155
22. Feuilles de propositions concernant des pénalités...... 159
23. Répertoire des entrepreneurs et fournisseurs exclus des adjudications et marchés...... 163

PARIS, 121, BOUL. S'-GERMAIN, ET LIMOGES. — IMP. MILITAIRE CHARLES-LAVAUZELLE ET Cie.